Christiane Bundschuh-Schramm
Marlies Mittler-Holzem

Mein spiritueller
Schwangerschafts-
begleiter

don bosco
frauenSpuren

Die Deutsche Bibliothek – CIP-Einheitsaufnahme

Ein Titeldatensatz zu dieser Publikation ist
bei Der Deutschen Bibliothek erhältlich.

1. Auflage 2002 / ISBN 3-7698-1324-3
© 2002 Don Bosco Verlag, München
Umschlag: Anja Masuch
Umschlagmotiv: Alexej von Jawlensky, Natalie, © VG Bild-Kunst, Bonn 2001
Abbildungen Seite 15: © Whitney Museum of American Art, New York
Seite 31: © Fond. P. Delvaux S. Idesbald, Belgien/VG Bild-Kunst, Bonn 2001
Seite 105 und 109: © Succession Picasso / VG Bild-Kunst, Bonn 2001
Seite 91, 116 und 170: © VG Bild-Kunst, Bonn 2001
Grafische Gestaltung: Margret Russer
Notensatz: Nikolaus Veeser, Schallstadt
Produktion: Don Bosco Grafischer Betrieb, Ensdorf

Gedruckt auf umweltfreundlichem Papier.

Inhalt

Inhalt

Vorwort

Liebe Schwangere,
vor Ihnen liegt eine Zeit des Wachsens und Werdens. Es ist eine spannende Zeit!
Hoffnungen, Erwartungen und Fragen stehen am Anfang:
- Wie wird es werden?
- Wird alles gut gehen?
- Was kann ich tun?

Vieles, was in den kommenden Monaten geschieht, dürfen Sie einfach geschehen
lassen. Sie dürfen zuschauen, wie Ihr Baby und Ihr Bauch wachsen. Sie dürfen geschehen lassen, was wie von selbst geschieht. Leben und erleben Sie intensiv, was
sich in und um Ihren Körper tut!

Selbstverständlich haben Sie auch den Wunsch, die kommende Zeit bewusst und aktiv zu gestalten. Sie wollen mit dafür Sorge tragen, dass es Ihrem Baby gut geht. Sie
wollen sich selbst im Blick haben, damit Sie die Zeit genießen und sich auf die Geburt vorbereiten können.

Wir möchten Ihnen einen Schwangerschaftsbegleiter anbieten, der etwas anders ist
als die herkömmlichen Bücher zur Schwangerschaft. In diesem spirituellen Schwangerschaftsbegleiter stehen nicht medizinische Fragen im Vordergrund, sondern Sie
als Person und Frau. Mittelpunkt sind Sie mit Ihren körperlichen und seelischen Empfindungen, mit Ihren Gefühlen, Ihren Gedanken und Ihrer Spiritualität.

Das, was Sie im Herzen bewegt, hat Raum in diesem Buch. Das, was Sie innerlich beschäftigt, was Ihnen auf der Seele liegt oder Ihre Seele beflügelt, erhält Stimme
durch dieses Buch. Das Buch lädt Sie ein, sich in der Zeit der Schwangerschaft ganz-
heitlich wahrzunehmen: die eigenen Empfindungen, die persönlichen Gedanken, die
geistliche Energie. Mit dem Buch können Sie Ihrem Inneren Zeit und Raum geben. Es
bietet Ihnen Übungen, Rituale, Gebete und Lieder, um auszudrücken, was in Ihnen ist.
Es lädt Sie ferner ein, sich mit Ihrer christlichen Tradition zu verbinden, um daraus
spirituelle Kraft für die Schwangerschaft zu gewinnen.

Mein spiritueller Schwangerschaftsbegleiter ist ein religiöses Buch. Wenn eine Frau
schwanger ist, liegt das Religiöse in der Luft. Niemals sonst in ihrem Leben ist sie so
unmittelbar in Kontakt mit dem Geheimnis des Lebens. In kaum einer anderen Situation wird sie so vom Geheimnis des Lebens berührt. Eine schwangere Frau spürt in
sich eine Kraft, die ihr von anderswo geschenkt wird, die ihr nicht gehört, an der sie
aber Anteil hat.

Wir laden Sie ein, diese spirituelle Kostbarkeit der Schwangerschaft wahrzunehmen. Lassen Sie sich vom Himmel berühren und genießen Sie Ihre Schwangerschaft. Sie wird auch für Sie selbst eine Zeit des Werdens und Wachsens werden.

Um dieses Buch schreiben zu können, haben wir mit vielen Frauen über ihre Erfahrungen rund um Schwangerschaft und Geburt gesprochen. Einige von ihnen haben ihre Erfahrungen für unser Buch aufgeschrieben. Ihnen danken wir herzlich. Ohne unsere eigenen Erfahrungen aber hätten wir dieses Buch gar nicht schreiben können. Deshalb gilt unser besonderer Dank unseren Kindern und unseren Ehepartnern, die unser Leben ständig verändern und bereichern.

Ihre
Christiane Bundschuh-Schramm
Marlies Mittler-Holzem

Wie das Buch gedacht ist
und wie es benutzt werden kann

1. Monat
1.–4. Woche

Wie das Buch gedacht ist und wie es benutzt werden kann

Da die Schwangerschaft vom ersten Tag der letzten Menstruation an gezählt wird, wird der erste Monat noch nicht bewusst als Schwanger-Sein erlebt. Erst im Nachhinein erfährt die Schwangere, dass sie in diesem Monat empfangen hat und schon schwanger war.

Sich erinnern

Meist wird der erste Monat in der Erinnerung präsent. Wenn eine Frau einen regelmäßigen Zyklus hat, wird sie aufmerksam, sobald die Periode ausbleibt. Wenn sie den Termin der letzten Regel nicht ohnehin aufschreibt, rechnet sie jetzt zurück und erinnert sich an den letzten Zyklus.

Vielleicht fällt ihr noch ein, wie die letzte Menstruation war, wie und wo sie angefangen hat, ob sie pünktlich kam und wie lange sie gedauert hat. Möglicherweise liegt etwas Wehmut in der Erinnerung, denn eine schwangere Frau muss sich jetzt für längere Zeit von der regelmäßigen Blutung verabschieden. Manche Frauen genießen die Menstruation, weil sie sie als weibliche Kraft und Stärke erleben, und trauern ein wenig, weil ihnen diese zuverlässige Anzeige der eigenen Kraft nun fehlt. Andere Frauen leiden unter den Blutungen, weil sie Schmerzen haben. Ihnen fällt der Abschied wahrscheinlich leicht, und sie freuen sich jetzt schon über die Verheißung, dass Frauen, die geboren haben, weniger Regelschmerzen haben.

Frauen, die bewusst ein Kind planen, erleben den ersten Monat zwar nicht als Schwangere, aber doch intensiv mit dem möglichen Baby verbunden. Jede eintretende Menstruation ist dann zwar eine Enttäuschung, aber gleichzeitig der Beginn einer neuen Möglichkeit. Diese Frauen und Männer zählen die Tage bis zum Eisprung und legen ihre Liebesnächte auf die verheißungsvollsten Termine. Einerseits ist es günstig, dass man die Natur kennt und entsprechend mithelfen kann, andererseits widerspricht die bewusste Planung manchmal der Lust und kann, wenn es viele Monate oder gar Jahre dauert, zur Unlust führen.

Und dann das Warten: Hat es geklappt? Wird die Regel ausbleiben? Einen Tag, zwei Tage …

Im Rückblick versuchen viele Frauen – ob geplant oder ungeplant schwanger – sich an den möglicherweise entscheidenden Geschlechtsverkehr zu erinnern. Vielleicht haben manche Frauen den Anspruch, es müsste besonders schön gewesen sein – so wertvoll und liebevoll wie das, was daraus entstanden ist. Das sind schöne Träume, und noch schöner ist es, wenn es wirklich so war. Aber oft ist es auch nicht so. Vor allem im „geplanten Geschlechtsverkehr-Stress" fehlt häufig die gewünschte Lust und Leidenschaft. Wenn schon größere Kinder da sind, erleben manche Paare Störungen genau während des Geschlechtsverkehrs: Und da ist es dann doch passiert? Ausgerechnet in dieser Situation? Na und! Die Schwangerschaft, deren Gestaltung durch das Paar und die Liebe zum Kind sind dadurch nicht beeinflusst.

Wir wollen neugierige Frauen ermutigen, sich zu erinnern und nicht die Erinnerung zu verdrängen, weil sie nicht so sein könnte, wie frau sie gerne hätte. Wichtig finden wir, dass jede Frau sagen kann: Es war, wie es war, und auch wenn es mir nicht ganz gefällt, ich kann es so lassen und mich über das freuen, was daraus geworden ist.

Mit dem Buch umgehen

Da der erste Monat nicht als Schwanger-Sein erlebt wird, braucht es in dieser Zeit noch keine Anregungen für Empfindungen, Übungen und zu besprechende Themen. Daher nutzen wir die Gelegenheit, die sich wiederholenden Kapitel, Überschriften und Einteilungen vorzustellen. Wir wollen Ihnen, liebe Frauen, erzählen, wie wir uns das Buch gedacht haben, warum wir es so aufgebaut haben und was frau alles damit machen kann:

Dieses Buch ist, wie viele Begleiter durch die Schwangerschaft, nach den Monaten der Schwangerschaft gegliedert. Wir beginnen mit dem ersten Monat, in dem wir in das Buch einführen, und enden mit dem zehnten Monat, der Vorbereitungszeit auf die Geburt. Natürlich darf die Geburt selbst nicht fehlen. Auch die unmittelbare Zeit nach der Geburt ist uns so wichtig, dass wir dazu noch einzelne Themen behandeln. Am Ende des Buches finden Sie ein Verzeichnis von Adressen, die weitgehend bereits bei den einzelnen Monatskapiteln genannt wurden. Außerdem enthält das Buch ein Stichwortverzeichnis, das Ihnen helfen soll, gewünschte Themen schnell aufzufinden. Noch ein Wort zum Sprachgebrauch: Da wir das Buch vor allem für Frauen geschrieben haben, benutzen wir statt des allgemeinen, aber doch männlich klingenden „man" das „frau". Wenn wir von Gott schreiben, wird Ihnen auffallen, dass wir viele weibliche Bilder verwenden und öfter von Gott als „sie" sprechen. Wir wollen vermeiden, dass sich in unseren Köpfen ein männliches Gottesbild festsetzt. Da normalerweise von Gott als „er" gesprochen wird, finden wir es legitim, in diesem Buch die weibliche Seite zu betonen oder schlicht von Gott ohne Personalpronomen zu sprechen.

Den Monatskalender benutzen

In den einzelnen Monatskapiteln wiederholen wir die immer gleiche Gliederung, damit sich jede Frau leicht orientieren kann. So weiß sie, was sie erwartet, und kann jedes Kapitel so nutzen, wie es ihr gefällt und wie sie jeweils dazu kommt. Warum wir diese Gliederung gewählt haben, stellen wir im Folgenden mit den einzelnen Überschriften vor.

Empfinden – Wahrnehmen

„Ich bin schwanger." Zu Beginn steht diese Feststellung. Was dieser Zustand aber für jede einzelne Frau bedeutet, was sie fühlt, wahrnimmt und denkt, kann sehr unterschiedlich sein. Die Empfindungen und Gedanken bleiben auch die ganze Schwangerschaft hindurch nicht gleich, sondern ändern sich immer wieder – von Monat zu Monat, manchmal von Tag zu Tag.

Mit *Empfinden – Wahrnehmen* wollen wir jede Frau einladen, sich ihrer Gefühle, Wünsche und Gedanken gewahr zu werden, sie zuzulassen, auszuleben und auch wieder loszulassen.

Wir geben unsere Erfahrungen und Überlegungen weiter und lassen andere Frauen zu Wort kommen, damit jede Frau ihrem *eigenen* Empfinden Raum geben kann. Unsere Erfahrungen wollen nicht bevormunden, sondern anregen. Sie können hilfreich sein, indem eine Frau sich wiederfindet. Sie wollen Anstoß geben zu eigenen Gedanken. Sie können aber auch dann nützlich sein, wenn sie Frauen zum Widerspruch anregen und sie herausfordern, ihre eigenen Gefühle mehr zuzulassen und ihre eigenen Wünsche besser zu artikulieren.

Empfinden – Wahrnehmen orientiert sich in jedem Monat an dem Stadium der Schwangerschaft und den damit verbundenen körperlichen Veränderungen. Welche Gefühle sie auslösen und wie sie von Frauen empfunden werden (können), welche Überlegungen sie herausfordern und wie frau damit hilfreich umgehen kann – all das ist Thema dieses Abschnitts.

Ausdrücken – Vertiefen

Hoffnungen und Sorgen, Wünsche und Befürchtungen, Freuden und Ängste, Glück und Kummer, Gefühle über Gefühle, Gedanken über Gedanken – manchmal nacheinander und manchmal alles gleichzeitig. Wohin damit?

Im Abschnitt *Ausdrücken – Vertiefen* finden sich viele verschiedene Elemente, die helfen sollen, Gefühle und Gedanken zuzulassen, sie auszudrücken, zu erleben und auszuleben und sie dadurch wieder loslassen zu können. *Monatstisch, Übungen, Rituale, Gebete und Lieder* sind Bausteine, mit denen Frauen ihre Schwangerschaft Monat für Monat gestalten können. Die meisten Elemente können leicht eingeübt und nach Belieben wiederholt werden. Viele eignen sich, fest in den Tagesablauf integriert zu werden.

Monatstisch

Das erste Element in *Ausdrücken – Vertiefen* ist der *Monatstisch*. Von der Idee her geht er auf den Jahreszeitentisch der anthroposophischen Pädagogik zurück. Der *Monatstisch* will ein ständiger, sichtbarer Begleiter durch die Zeit der Schwangerschaft sein.

Die Schwangerschaft und das erwartete Kind nehmen sich nach und nach Raum im weiblichen Körper, im Leben einer Frau, in der Beziehung zum Partner und in anderen Beziehungen. Diesen Raum können Frauen von Anfang an mitgestalten und so als ihren eigenen Raum erleben. Frauen dürfen sich jetzt „breit machen" und den Raum beanspruchen, den sie mit ihrer Schwangerschaft brauchen. Frauen sollen Raum haben für ihre unterschiedlichen Gefühle und Empfindungen, für ihre Bedürfnisse und für das, was sie tun wollen.

Zeichenhaft steht dafür der *Monatstisch*. Es ist ganz konkret ein Tisch oder ein Platz in der Wohnung, der diesen Eigenraum der schwangeren Frau symbolisiert, und den sie einrichtet, um diesen Raum bewusst selbst zu gestalten.

Sobald die Schwangerschaft feststeht, meist im zweiten Monat, kann eine Frau diesen Platz „einräumen". Das kann ein kleiner Tisch sein, der vom Dachboden geholt oder ausgeliehen wird, eine Nische am Boden oder ein Platz im Regal. Vielleicht muss im Wohnzimmer etwas umgeräumt werden, damit er den richtigen Ort findet. Der Monatstisch kann dann jeden Monat neu ausgestaltet werden mit all dem, was der Schwangeren wichtig wird und was sie sichtbar ausdrücken möchte.

Wichtig ist, dass Sie als Schwangere in sich nachspüren, ob Sie einen solchen Platz einrichten wollen, und wenn ja, wo und wie. Es ist Ihr Platz, und er muss für Sie passend sein. Sie entscheiden auch, wie Sie ihn einrichten wollen, zum Beispiel als Tisch mit einem Tuch bedeckt oder als Nische am Boden durch einen kleinen Teppich abgegrenzt. Alle Mitbewohner/innen sollen über die neue Einrichtung informiert werden. Der *Monatstisch* stellt eine gute Möglichkeit dar, die Geschwister des neuen Babys einzubeziehen. Sie können ermuntert werden, auch Zeichen und schöne Dinge auf den *Monatstisch* zu legen und damit auf ihre Weise mit dem neuen Geschwisterchen in Kontakt zu treten. Ein Paar kann den *Monatstisch* auch zum gemeinsamen Projekt machen. Der Tisch ist dann eine gute Möglichkeit, den Partner von Anfang an an der Schwangerschaft zu beteiligen. Es hat aber auch viel für sich, dass der werdende Vater seinen eigenen Tisch aufstellt und er der Schwangerschaft ebenfalls einen eigenen Raum in seinem Leben einrichtet und diesen bewusst gestaltet. Jede Schwangere entscheidet selbst, ob sie den Tisch ganz allein gestalten will und er somit wirklich Eigenraum ist, oder ob sie die Kinder oder den Partner beteiligen will. Gegen Ende des zweiten oder ab Anfang des dritten Monats kann der noch leere Monatstisch mit Gaben und Zeichen gedeckt werden. Nicht alles, was einmal hingelegt wurde, muss bis zum Ende der Schwangerschaft liegen bleiben. Was verwelkt ist, später keine Bedeutung mehr hat oder anderweitig benötigt wird, kann wieder weggeräumt werden. Der Monatstisch soll anregen, das hinzulegen, was im Moment bedeutsam ist oder einfach nur Freude macht.

Übungen

Hierbei handelt es sich um kurze, wiederholbare *Übungen,* die zu einer bestimmten Zeit am Tag oder einfach zwischendurch praktiziert werden können. Meist sind Körper und Geist angesprochen. Das persönliche Wohlgefühl, Entspannung und Erholung stehen dabei im Vordergrund. Die *Übungen* dienen dazu, sich selbst, dem Baby oder sich als Paar gegenseitig etwas Gutes zu tun. Sie schaffen kleine Auszeiten und Ruhezonen mitten im Alltag und entfalten vor allem in der häufigeren Wiederholung ihre Kraft.

Edward Hopper, Morgensonne, 1952

Rituale

Mit *Ritual* meinen wir einen festgelegten, wiederholbaren Handlungsablauf, der eine religiöse oder christlich-religiöse Bedeutung besitzt. Rituale werden von Körper und Seele vollzogen und beziehen zum Teil Symbole und andere Gegenstände mit ein.

Rituale helfen, den Tag zu beginnen oder zu beenden. Sie bringen uns mit uns selbst, mit unserem Baby und mit unserer Gottheit in Kontakt. Sie weiten unser Bewusstsein und geben uns damit einen Platz zwischen Himmel und Erde. Ein *Ritual* kann einer Schwangeren helfen, sich in ihrer neuen unsicheren Situation sicherer zu fühlen. Es verbindet sie mit ihren schwangeren Schwestern und mit Gott, die jede schwangere Frau zur Mitschöpferin der ganzen Schöpfung beruft. Alle *Rituale* sind im christlichen Kontext entstanden, sie können zum Großteil aber auch von Frauen nachvollzogen werden, die sich nicht einer bestimmten Religion zugehörig fühlen, sondern sich als allgemein religiös verstehen.

Gebete und Lieder

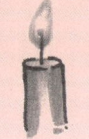

Mit den *Gebeten* wollen wir Frauen Worte und Verse anbieten, in denen sie ihre Empfindungen und Gedanken ausdrücken und vor Gott tragen können. Die *Gebete* wollen Schwangere in Beziehung zu ihrer Gottheit bringen, dass sie sie ansprechen und anrufen können, dass sie ihr alles zu sagen vermögen, was sie auf dem Herzen haben, dass sie danken und bitten können, loben und klagen.

Alle *Gebete* sind Wort-Angebote, die verändert, ergänzt und gekürzt werden können, sodass die geliehenen Worte ein eigenes Gebet werden.

Mit den *Liedern,* die sich allerdings nicht in allen Kapiteln finden, können Frauen auf musikalische Weise ausdrücken, wie es ihnen geht. Die Musik mag sie bewegen und beschwingen, die Melodien können wie ein Ohrwurm den Tag begleiten.

Anknüpfen –
Sich wiederfinden

Anknüpfen – Sich wiederfinden will jede Schwangere mit ihren christlichen Vorfahrinnen ins Gespräch bringen. Biblische Frauen und Frauen der vorchristlichen und der christlichen Tradition werden jeder Schwangeren als mögliche Begleiterinnen und Freundinnen vorgestellt.

Auch wenn die Erfahrungen von Schwangerschaft und Geburt in der religiösen Tradition viel spärlicher als in der Wirklichkeit vorhanden sind, finden sich doch – zumindest auf den zweiten Blick – bekannte und weniger bekannte Ahninnen, die mit uns diese Erfahrung teilen. Diese Tradition ist ein reicher spiritueller Schatz für uns Frauen, auf den wir zurückgreifen und unsere Erfahrungen damit bereichern können. Wir können Ähnlichkeiten und Verschiedenheiten feststellen, wir können uns aneinander freuen und miteinander trauern. Wir können uns mit unseren Vorfahrinnen in die Reihe der Frauen stellen, die Gottes Schöpfung weiterführen und in jeder Schwangerschaft vollenden. Als Schöpferin der Welt trägt Gott weibliche Züge.

Die Abschnitte enthalten Erzählungen, Lebensgeschichten und Gebete, die frau lesen und mit denen sie sich identifizieren kann. Es folgen konkrete Anregungen, mit den Geschichten weiterzugehen und sie zu verinnerlichen. Bei allen biblischen Erzählungen und Texten sind die Fundstellen in der Bibel angegeben, sodass frau die Texte im Original nachlesen kann.

Bewegen – Besprechen

Bewegen – Besprechen enthält einzelne Themen, die Frauen um den jeweiligen Monat besonders beschäftigen. Fragen stehen an, die gelöst werden müssen, Probleme zeigen sich, die die Schwangere allein oder mit ihrem Partner angehen muss. Entscheidungen sind zu treffen, Perspektiven müssen entwickelt werden. Manche dieser Themen bedeuten eher eine Last und Mühe, andere wieder machen Spaß, und die Schwangere freut sich darauf. Einige dieser Themen fallen leicht und werden gern angegangen, andere sind eher schwer zu bewältigen und werden daher vielleicht gern verschoben.

Viele der Themen, die länger bedacht und oft auch besprochen werden wollen, finden sich hier. *Bewegen – Besprechen* will diesen Themen genügend Raum geben und sie von verschiedenen Seiten beleuchten. Manchmal geben wir Tipps und sagen unsere Meinung, manchmal beschreiben wir eher und wollen informieren. Mit dem gesamten Abschnitt wollen wir ermutigen, Fragen und Probleme offensiv anzugehen, sie für sich und im Gespräch zu bewegen und die notwendigen Entscheidungen zu treffen. Auch wenn es manchmal viel Mühe kostet und bisweilen auch Konflikte entstehen und bewältigt werden müssen, spätestens hinterher hat es sich gelohnt, die Dinge offen anzusprechen, den Tatsachen ins Gesicht zu schauen und zu handeln. Die Schwangerschaft bleibt so nicht nur eine Zeit des Wachsens für einen kleinen Menschen, sondern wird auch zu einem Wachstumsprozess für die schwangere Frau und eventuell ihren Partner und die gemeinsame Beziehung.

Jedes bewältigte Problem und jede getroffene Entscheidung können besiegelt und gefeiert werden. Dazu wird die jeweilige Lösung, Vereinbarung oder Entscheidung auf schönem Papier notiert und feierlich auf den Monatstisch gelegt.

2. Monat

5.–8. Woche

Empfinden – Wahrnehmen

Nicht in der großen Welt der Politik und Wirtschaft, nicht auf den Kontinenten und Meeren, aber im persönlichen Leben, im eigenen Körper hat ein neues Zeitalter begonnen.

Mulmige Gefühle

Aber gerade weil es sich um ein so weltbewegendes Ereignis handelt, ist der Schwangeren im zweiten Monat oft „mulmig" zumute. Beim Aufstehen wird ihr schlecht. Manche Schwangere müssen sich jeden Morgen übergeben. Meistens ist diese Zeit der Übelkeit auf den zweiten und dritten Monat begrenzt. Bei wenigen dauert diese Phase länger. Den einen ist nur morgens „komisch zumute", die anderen fühlen sich den ganzen Tag nicht gut.

Jede Frau muss ihren Körper und ihre Seele so nehmen, wie sie reagieren, und ihnen Zeit lassen sich umzustellen. Die körperliche Übelkeit ist ein äußeres Zeichen für die inneren – körperlichen wie seelischen – Umwälzungen. Auch wenn das Kind ein hundertprozentiges Wunschkind ist, besteht doch die Ambivalenz zwischen Freude und Unsicherheit, Hoffnung und Bangen, zwischen Erwartungen und Ängsten. Keine Frau braucht sich dieser Ambivalenz der Gefühle zu schämen. Es ist normal, wenn frau sich manchmal in die Zeit davor zurücksehnt. Es ist normal, wenn alle möglichen Bedenken kommen. Alles darf sein, wie es ist: der Stolz über die Schwangerschaft und die Bedenken auf die Zukunft hin, die Freude über das wachsende Kind und die Furcht, selbst als Frau verdrängt zu werden. Die Gefühle, die da sind, so fremd sie auch scheinen mögen, dürfen hochkommen und mögen akzeptiert werden. Wenn frau Angst hat, heißt das noch lange nicht, dass sie der Situation nicht gewachsen ist. Und wenn frau sich unsicher fühlt, bedeutet das nicht, dass sie keine gute Mutter werden wird.

> „Ich war besonders empfindlich bezüglich Gerüchen. Normalerweise liebe ich Knoblauch, aber in dieser Zeit konnte ich ihn nicht riechen, ohne dass mir übel wurde. Mein Mann musste sogar sein Deo wechseln, da ich den Geruch nicht ertragen konnte."
> (Heike Manz, 3 Kinder)

Müdigkeit

Neben den mulmigen Gefühlen im Bauch sind viele Frauen im zweiten und dritten Monat müde und kraftlos. Der Körper sehnt sich nach Ruhe und Entspannung und fordert diese hartnäckig ein, indem er uns seine Grenzen zeigt. Bei der ersten Schwangerschaft ist es noch leichter nachzugeben. Es kann richtig Spaß machen, den körperlichen und vielleicht auch seelischen Erschöpfungen zu entsprechen und sich oft auf das Sofa legen oder ein bisschen faulenzen zu können. Bei der zweiten, dritten ... Schwangerschaft fragen sich viele Frauen, wie das gehen soll. Plötzlich müssen sie dem/den geborenen Kind(ern) und dem werdenden Kind gerecht werden.

Am besten, frau findet sich gleich damit ab, dass jede Seite immer wieder einmal den Kürzeren ziehen wird. Aber das ist leichter gesagt als getan. Bestimmte vorbeugende Maßnahmen können unterstützende Funktionen leisten, aber das Problem nicht ganz aus der Welt schaffen: Wen kennen die Kinder so gut, dass sie dort stundenweise untergebracht werden können? Welche Verwandten oder Freunde/Freundinnen können in dieser Zeit immer mal einspringen? Welchen höheren Beitrag kann der Vater leisten? Nach der Geburt wird sich der Rhythmus in der Familie und mit den Kindern ohnehin ganz neu einzupendeln haben.

> *„Das Gefühl, wieder schwanger zu sein, war großartig, zumal sich bei mir keine körperlichen Beschwerden wie Übelkeit o. Ä. einstellten. Dennoch begleitete mich schon bald die Frage, wie ich denn zeitlich zwei Kindern gerecht werden könne. Raphael, unser Erstgeborener, sprüht seit Anfang an vor Lebensenergie und fordert seine Zeit. Zudem war er immer sehr auf uns Eltern fixiert und wäre nie bei einer anderen Person allein geblieben. Also, woher die doppelte Zeit nehmen, wenn es so weit ist?"*
>
> (Ulrike Mayer-Klaus, 2 Kinder)

Die erste Vorsorgeuntersuchung

Meist gegen Ende des zweiten Monats findet die erste große Vorsorgeuntersuchung statt. Manchmal fällt sie mit der Feststellung der Schwangerschaft zusammen. Der Arzt oder die Ärztin stellt allerhand Fragen zur persönlichen Situation der Schwangeren. Es wird Blut genommen, Blutdruck gemessen und gewogen. Was zunächst neu und spannend ist, wird mit der Zeit zur Routine. Spätestens ab dem dritten Arztbesuch kennt frau sich in der Praxis aus und weiß, was sie erwartet. Jetzt, beim ersten Mal, ist es noch besonders aufregend. Der Arzt oder die Ärztin macht in der Regel das erste Ultraschallbild. Er/Sie stellt fest, ob das Herz des Kindes schlägt, und zeigt es der Schwangeren auf dem Bildschirm. Wer schon eine Fehlgeburt hatte, weiß um die Klippe dieser Phase und ist doppelt froh und erlöst, wenn das Herz schlägt und alles in Ordnung ist. Der Arzt oder die Ärztin soll das Ultraschallbild auf jeden Fall mit nach Hause geben. Frau will es ja vielleicht wie eine Trophäe zu Hause vorzeigen, auf jeden Fall aber noch öfter anschauen.

„Ab sofort durfte mein Mann das abendliche Ins-Bett-Bringen der Tochter übernehmen.
(Annette Ries, 3 Kinder)

Der Mutterpass wird ausgestellt, den frau ebenfalls mitnimmt und ab sofort immer bei sich führen soll und darf.

Die heutigen technischen Möglichkeiten verleiten dazu, fast nur noch der Technik zu trauen. Obwohl nur drei Ultraschalluntersuchungen in der ganzen Schwangerschaft im Mutterpass vorgesehen sind, kennen wir keine Schwangere, der nicht bei jedem Arztbesuch ein Ultraschall angeboten wurde. Das hauptsächliche Vertrauen der Ärzteschaft in die Technik kann bei uns Frauen dazu führen, dass wir fast süchtig nach den technischen Möglichkeiten werden.

Dem eigenen Empfinden trauen

Im Vergleich zum „medizinischen Beweis" durch Ultraschall wirken körperliche Empfindungen unsicher und fast naiv. Trotzdem wollen wir Frauen ermutigen, ihren Empfindungen zu trauen und ihrem Körper und dem neuen Leben zu vertrauen. Der verständliche Wunsch nach Sicherheit, den die Medizin einerseits verstärkt und andererseits zu befriedigen scheint, konfrontiert Schwangere schon früh mit der Tatsache, dass sie

„Ich war ungewollt schwanger und spielte mit dem Gedanken einer Abtreibung. Als ich mein Kind das erste Mal im Ultraschall sah, war mir klar, dass ich es behalten werde."
(Heike Manz, 3 Kinder)

ihren Körper, ihre Schwangerschaft und ihr Baby nicht in der Hand haben. Vieles, was schon geschehen ist und noch geschehen wird, ist dem Bereich des Machbaren entzogen. Unserem Streben nach Sicherheit und Wissen sind Grenzen gesetzt. Wie das Baby in unserem Bauch, müssen wir dem Leben trauen und vertrauen. Das entlastet aber auch. Die Schwangerschaft hängt nicht von uns ab. Wir können das Unsrige tun. Natürlich kann frau ein Buch kaufen und nachlesen, was gerade in ihrem Körper passiert und wie sie sich in welchem Monat verhalten soll. Ratgeber für die Schwangerschaft sind informativ und interessant. Aber glücklicherweise hängt die Schwangerschaft nicht an der Lektüre. Frau darf so viel lesen, wie sie will, und gleichzeitig wissen, dass das Gelingen der Schwangerschaft nicht an Bücher gebunden ist.

> *„Schon zwei Tage nach der ersten Vorsorgeuntersuchung wäre ich am liebsten wieder hingegangen, um ein neues Ultraschallbild machen zu lassen. Ich wollte nachsehen, ob das Herz noch schlägt, denn ich konnte ja noch nichts fühlen."*
>
> *(Cleo Seidl, 1 Kind)*

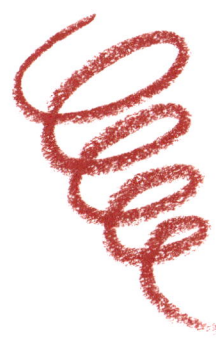

Ausdrücken – Vertiefen

Monatstisch

Im zweiten Monat kann der Monatstisch eingerichtet werden. Zunächst darf er einfach leer bleiben, eventuell sogar den ganzen zweiten Monat lang. Gegen Ende des zweiten Monats können verschiedene Utensilien darauf Platz finden. Zum Beispiel:

- das erste Ultraschallbild
- der Mutterpass (aber nur vorübergehend, da frau ihn ja bei sich tragen soll)
- etwas Wachsendes, z. B. ein Zweig, der zum Blühen kommt oder eine Blume, die aufgeht
- ein paar Nüsse (als Zeichen für die Übelkeit)
- Zeichen für Dinge, auf die Schwangere jetzt verzichten bzw. deren Konsum sie einschränken soll (Nikotin, Alkohol, Kaffee …).

Übungen zum Tagesbeginn

Von der Nacht in den Tag

Der Übergang von der Nacht in den Tag wird noch einmal langsam vollzogen und nacherlebt: Ich schlüpfe in die Höhle meiner Decke und genieße den bergenden Mutterschoß. Langsam krieche ich hervor ans Tageslicht, öffne die Augen und nehme meine Welt wahr. Erst wenn ich ganz im Tag und bei meinem neuen Leben angekommen bin, stehe ich langsam auf.

Nüsse kauen statt knacken

Ein altbewährtes Rezept gegen Übelkeit am Morgen ist das langsame Kauen von ungesalzenen Nüssen, am besten Haselnüssen. Dass dies hilft, kann kein Zufall sein. Vieles, was jetzt auf die Schwangere zukommt, wirkt wie eine harte Nuss, die geknackt werden muss. Das Hausrezept „Nüsse kauen" sagt uns: Versuch es doch mal mit langsamem Kauen, und du wirst sehen, dass sich so manche Nuss auf diese Weise knacken lässt.
Übrigens: Für mulmige Gefühle oder Übelkeit den ganzen Tag über ist (ständiges) Nüsse Kauen ebenfalls das beste Rezept.

Nur Prinzessinnen frühstücken im Bett

Das häufigste Rezept in allen Ratgebern und Zeitschriften ist das Frühstück im Bett. In der Regel ist das nur etwas für den Hollywoodfilm und für die Märchenwelt. Aber gerade darin liegt der Reiz. Schwangere sind eben auch etwas Besonderes und dürfen es sich daher richtig gut gehen lassen. Denn zum Frühstück im Bett gehört natürlich, dass frau es nicht selbst macht, sondern ihr das Frühstück ans Bett gebracht wird.

Rituale

Ein Kerzlein in der Kirche

Ein schöner Brauch in der katholischen Religion sind die in vielen Kirchen aufgestellten Kerzenständer, an denen Menschen in einem persönlichen Anliegen ein Licht aufstellen können. Die Kerze steht für das Lebenslicht, das Gott schenkt und um das Menschen für andere beten. Besonders für das neue Leben ist die brennende Kerze ein Symbol: Das neue Leben ist entzündet worden und soll mit Gottes Licht beschenkt immer brennen und leuchten können.

Hoffen und Vertrauen

Text:	Bewegung:
Ich bin hier.	Ich stelle mich in die Mitte des Raumes.
Ich öffne mich.	Ich hebe meine Arme mit geöffneten Handflächen nach oben bis zur Brusthöhe.
Ich traue dem Leben.	Ich lege meine Hände auf meinen Bauch.
Ich hoffe auf das Leben in mir.	Ich verweile.
Ich vertraue auf dich, Gott, und gehe so meinen Weg.	Ich lasse die Arme wieder sinken und löse mich bewusst von meinem Standort.

Christiane Bundschuh-Schramm

Gebete und Lieder

Beschwörung
Beschwören will ich dich,
mein Kind,
dass du wächst, dass du wächst.

Beschwören will ich dich,
meine Gottheit,
dass du hilfst, dass du hilfst.

Beschwören will ich euch,
meine Schwestern und Brüder,
dass ihr betet ohne Unterlass
für das Kind in meinem Bauch.
Amen.

Christiane Bundschuh-Schramm

Und Gott machte eine Frau aus mir
Und Gott machte eine Frau aus mir,
mit langem Haar, Augen,
Nase und Mund einer Frau.
Mit runden Hügeln und Falten
und weichen Mulden,
höhlte mich innen aus
und machte mich zu einer Menschenwerkstatt.
Verflocht fein meine Nerven
und wog sorgsam
meine Hormone aus.
Mischte mein Blut
und goss es mir ein,
damit es meinen Körper überall bewässere.
So entstanden die Gedanken,
die Träume,
die Instinkte.
All das schuf er behutsam
mit seinen Atemstößen
mit seiner bohrenden Liebe,
die tausendundein Dinge,
die mich täglich zur Frau machen,
derentwegen ich stolz
jeden Morgen aufwache
und mein Geschlecht segne.
Giaconda Belli

26

Du Gott stützt mich

Musik und Text: Dorothea Schönhals-Schlaudt

Anknüpfen –
Sich wiederfinden

„Jetzt passt es mir gar nicht"

Maria und Elisabeth

Das Neue Testament erzählt von zwei Frauen, wie sie von ihrer Schwangerschaft erfahren und es für beide sehr überraschend ist. Der Evangelist Lukas beginnt mit diesen beiden Schwangeren sein Evangelium:

Da ist Elisabeth, die von den Töchtern Aarons abstammte. Sie war verheiratet mit dem Priester Zacharias aus dem Geschlecht Abija. Das Paar lebte im Land Judäa und hatte keine Kinder, obwohl sie sich welche gewünscht hatten. Elisabeth war unfruchtbar, schreibt Lukas, aber damals hat man die Kinderlosigkeit gern auf die Frauen geschoben. Heute weiß man, dass die Ursachen oft vielschichtig sind und man sich davor hüten muss, einem Partner die Schuld zu geben.

Jedenfalls waren jetzt beide, Elisabeth und Zacharias, schon älter, und die biologische Uhr war bereits abgelaufen. Die beiden hatten ihren Kinderwunsch aufgegeben. Frau kann sich vorstellen und hat vielleicht eigene Erfahrungen, welche Achterbahnen an Gefühlen hinter den beiden lagen, das ständige Hoffen und immer wieder enttäuscht Werden, die Selbstvorwürfe und unterschwelligen Vorwürfe an den anderen.

Ob sich Elisabeth und Zacharias mit ihrer Kinderlosigkeit versöhnen konnten, wissen wir nicht. Vielleicht waren sie schon verbittert, und ihre Ehe hatte einen irreparablen Riss. Damals kam jedenfalls hinzu, dass Kinderlosigkeit besonders für Frauen ein soziales Risiko und daher eine große Schande war. Im Grunde hatte eine Frau ihr Lebensziel nicht erreicht. Heute ist das etwas anders, weil Frauen auch andere Wege wie Beruf und Karriere offen stehen, aber auch heute werden viele Frauen ohne Kinder mit dummen Sprüchen abgewertet, weil sie nicht Mutter werden konnten oder wollten. Ob Elisabeth damals glauben konnte, dass Gott sie dennoch liebt? Ob sie ihn als Partner erlebt hat, dem sie ihre Klagen sagen darf und der zu ihr hält, auch wenn alle mit dem Finger auf sie zeigen?

Als sich Elisabeth und Zacharias in Jerusalem aufhalten, weil Zacharias Dienst im Jerusalemer Tempel hat, erscheint Zacharias im Tempel ein Engel und verspricht ihm, dass Elisabeth ein Kind bekommen wird. Leider erzählt uns der Evangelist Lukas nicht, dass der Engel auch bei Elisabeth war, um es ihr zu sagen. Aber es muss so gewesen sein, denn auch sie weiß unabhängig von Zacharias, dass das Kind ein Junge werden wird und Johannes heißen soll. Zacharias aber will die Botschaft des Engels nicht glauben und wird daher zur Strafe vom Engel stumm gemacht und kann bis nach der Geburt des Johannes nicht mehr reden. Das dürfte die Ordnung im Hause der beiden ganz schön durcheinander gebracht haben. Ich stelle mir vor, dass ab sofort Zacharias die Hausarbeit gemacht hat und Elisabeth sich um den Hof und die Angestellten gekümmert hat. Ein Mann, der ein dreiviertel Jahr nicht reden und nur zuhören kann, der daher kaum außer Haus gehen kann, dafür aber bestens geeignet ist zum Wäschewaschen, Bügeln, Kochen und Putzen – das wäre doch auch ein Geschenk des Engels für uns!

Elisabeth jedenfalls ist bald nach diesen wundersamen Ereignissen tatsächlich schwanger geworden. Wie es ihr damit ergangen sein mag? Bei Lukas heißt es, sie hätte Folgendes gesagt: „Gott hat jetzt an mir gehandelt und meine Kinderlosigkeit beseitigt; sie war eine Schande in den Augen der Menschen."

Ich kann mir gut vorstellen, dass Elisabeth in diesen Worten zusammenfasst, wie sie ihre Schwangerschaft letztendlich sehen konnte: Sie versteht die Schwangerschaft so, dass Gott an ihr gehandelt hat, nicht Zacharias zuliebe, sondern an ihr persönlich. Sie betont, dass die Kinderlosigkeit eine Schande in den Augen der Menschen war, aber nicht in den Augen Gottes. Für Gott ist Kinderlosigkeit keine Schande. Aber bis Elisabeth das so sagen konnte, dürfte allerhand in ihr vorgegangen sein: Schwanger in diesem Alter, was werden da die Leute sagen? Schaffe ich das überhaupt körperlich? Jetzt, wo wir uns fast mit der Kinderlosigkeit abgefunden haben? Wo es beruflich gerade so gut läuft? Kann ich in meinem Alter überhaupt ein gesundes Kind bekommen? Was wird mein Mann sagen? Will er überhaupt noch? Sind wir noch fähig, uns auf ei-

nen Säugling einzustellen? Haben wir noch die Nerven dazu? Jetzt passt es mir gar nicht!

Bei Maria dürfte die überfallartige Überraschung noch größer gewesen sein. Im Gegensatz zu Elisabeth war sie sozusagen zu jung, um schwanger zu werden. Die Verhältnisse waren noch nicht geregelt, Josef war erst mit ihr verlobt. Maria wohnte noch zu Hause und hatte noch kein eigenes Leben. Die Eltern bestimmten noch über sie. Während Elisabeth in ihrem Leben vielleicht schon zu sehr eingerichtet war, war es Maria überhaupt noch nicht. Es hätte doch erst richtig anfangen sollen, da erfährt sie, dass sie schwanger ist. Auch bei Maria erscheint ein Engel, um die Nachricht zu überbringen. Bei solch einer Botschaft ist es besser, wenn ein Engel kommt. Schließlich handelt es sich immer um ein Wunder, das einerseits staunenswert und andererseits kaum zu ertragen ist. Der Engel ist nicht nur Bote, sondern auch Helfer. Er nimmt eine bei der Hand, damit sie die neue Situation bestehen kann. Hoffentlich bleibt er ab diesem Moment bei jeder Frau, damit sie die kommende Zeit nicht allein bewältigen muss. Nachdem der Engel Maria die ganze Nachricht gesagt hatte – dass sie einen Sohn bekommen und welches Leben der vor sich haben wird – antwortet Maria: „So will ich denn Gott gehorchen, dein Wort erfülle sich an mir." Auch diese Worte dürften eher am Ende als am Anfang eines inneren Prozesses oder Kampfes in Maria gestanden haben. Zunächst mag sie innerlich gerufen haben: Jetzt passt es mir gar nicht! Vielleicht noch stärker: Um Himmels willen nur das nicht! In dem Moment konnte sie ja auch noch nicht wissen, wie sich ihr Verlobter Josef dazu verhalten wird. Sie musste damit rechnen, dass er die Verlobung lösen würde. Leider erfahren wir nichts über die schlaflosen Nächte Marias, aber aus eigener Erfahrung und vom Erzählen von Freundinnen können wir vermuten, dass es für Maria nicht leicht war, sich der Situation zu stellen. Wenn sie sagte: „So will ich denn Gott gehorchen", steckt in diesen Worten noch der tiefe Seufzer, der trotz ihres Jas bleibt.

Geholfen hat Maria wahrscheinlich, dass der Engel ihr auch von ihrer unpassend schwanger gewordenen Verwandten Elisabeth erzählt hat. So wusste Maria von Anfang an, dass sie eine Solidaritätspartnerin hatte, mit der sie ihre Erfahrungen und Empfindungen würde teilen können. Und es dauert auch nicht lange, da wird Maria Elisabeth besuchen.

(Sie finden diese Geschichte im Original in der Bibel, Das Evangelium des Lukas, Kapitel 1, Verse 5-44.)

Impulse zum Betrachten (Seite 31)

- Ich schaue mir das Bild genau an und lasse seine Stimmung auf mich wirken:
  Was spricht mich an?
  Was berührt mich?
  Was gefällt mir nicht daran?
- Ich erinnere mich an die Situation, in der ich erfuhr, dass ich schwanger bin.
  Ich erinnere mich an meine Gefühle in diesem Moment.
  Ich nehme meine momentanen Empfindungen meine Schwangerschaft betreffend wahr.
  Was hat sich verändert? Was nicht?
- Ich lese die Geschichte von Maria und Elisabeth in der Bibel nach, wie sie der Evangelist Lukas schildert.
- Ich identifiziere mich mit einer der beiden schwangeren Frauen, Elisabeth oder Maria:
  Welche liegt mir näher?
  Bei welcher finde ich meine Erfahrungen wieder?
  Welche hilft mir mehr, meinen eigenen Weg zu finden?

Bewegen – Besprechen

Wie sag ich's meinem Mann?

Wenn Frauen von ihrer Schwangerschaft erfahren haben, stellen sie sich ziemlich schnell die Frage, wie sie es ihrem Partner sagen sollen. Vor allem bei Wunschkindern wollen Frauen diesen "Akt der Verkündigung" besonders schön gestalten; sie freuen sich darauf und haben gleichzeitig Angst davor.

Es macht Freude, die Mitteilung an den Partner überraschend und phantasievoll zu gestalten. Frauen können ihrem Gespür für romantische und ernste Situationen freien Lauf lassen. Sie sollten allerdings nicht planen, wie der Partner sich zu verhalten hat, wie er reagieren muss. Denn dann kann aus der romantischen schnell eine

Paul Delvaux, Die Verkündigung, 1949

tragische Situation werden. Wenn Sie also wollen, denken Sie sich etwas Schönes aus und lassen Sie Ihren Partner so reagieren, wie er es kann und will. Hier einige Erfahrungen:

„Nach zwei Jahren Hoffen und Warten und immer wieder Enttäuscht-Werden war ein neuer Zyklus mit neuer Hoffnung auf ein Kind. Immer wenn die Menstruation nur ein, zwei Tage ausblieb, wurde ich kribbelig. Jeder Gang auf die Toilette wurde zu einem spannenden Ereignis – ja oder nein. Mein Mann und ich hatten vereinbart, erst nach 10 Tagen einen Schwangerschaftstest zu machen, denn ich hatte einen ziemlich unregelmäßigen Zyklus, bei dem Schwankungen von bis zu einer Woche relativ normal waren. Am Tag 8 hielt ich es einfach nicht mehr aus. Nun saß ich mit meinem Schwangerschaftstest auf der Toilette meiner Dienststelle. Was wird diesmal mit dem kleinen blauen Strich im Testfeld passieren? Ungläubig beobachtete ich, wie er sich blau färbte – schwanger! Noch einmal las ich die Gebrauchsanweisung durch – alles war korrekt, es blieb dabei. Zurück in meinem Büro versuchte ich meinen Mann anzurufen, er war bei einer Tagung in einem Hotel. Da er selbst gerade ein Referat hielt, war er nicht ans Telefon zu bekommen. „Bitte richten Sie meinem Mann aus, er soll mich sofort zurückrufen!"
Da saß ich nun mit meiner freudigen Nachricht und konnte sie nicht weiterverkünden. Wem dann? – meinen Eltern! Da nahm niemand ab. Ich dachte, ich muss platzen. Immer mal wieder holte ich den Teststab aus der Tasche, um zu sehen, ob der blaue Streifen auch wirklich da geblieben war!
An Arbeit war erst einmal nicht zu denken. Also ging ich in die Buchhandlung und kaufte mir ein Buch über Schwangerschaft: „21. Tag – heute fängt das Herz ihres Babys zu schlagen an!" Ich werd' verrückt, dachte ich, dieser kleine neue Mensch in mir, gerade 2 mm groß, hat schon ein Herz! Zurück im Büro sagte unsere Sekretärin, dass mein Mann angerufen habe. Mist, verpasst. Und dann sagte sie noch: „Du strahlst ja so!" – Man sah es mir also schon von weitem an.
Da Georg erst spät nach Hause kam, wurde es ein langer Abend, an dem ich diese frohe Botschaft so ganz allein genießen konnte. Bevor ich ins Bett ging, legte ich ein großes rotes Herz aus Tonpapier auf den Boden hinter der Eingangstür, auf das ich „Hallo Papa, wir sind drei!" geschrieben habe.

„Gemeinsam und völlig gespannt saßen wir vor dem Schwangerschaftstest und sahen, wie auf der weißen Fläche ein „+" entstand. Wir erfuhren zusammen von der Schwangerschaft."
(Annette Ries, 3 Kinder)

„Als ich ahnte, dass ich schwanger bin, erzählte ich es gleich meinem Mann. Wir wollten gemeinsam Gewissheit darüber bekommen. Bei beiden Kindern war es so, dass mein Mann in der Apotheke einen Test besorgte. So erfuhren wir beide gleichzeitig von unserem Glück – und das war schön! Erst danach planten wir den Arztbesuch."
(Ulrike Mayer-Klaus, 2 Kinder)

Als Georg nach Hause kam, wunderte ich mich, dass er nicht gleich ins Schlafzimmer kam. Dann hörte ich den Sektkorken knallen. Dicht aneinander gekuschelt saßen wir mit unseren Sektgläsern im Bett und versuchten, unser neues Glück zu begreifen."
(Annedore Barbier-Piepenbrock, schwanger mit dem 1. Kind)

Andere Frauen können nicht erwartungsvoll über die Mitteilung an den Partner nachdenken, sondern fühlen einen großen Kloß im Hals, wenn sie daran denken, dass sie dem Partner sagen müssen, dass sie unpassend oder ungewollt schwanger geworden sind. Selbst im Gefühlschaos, malen sie sich aus, wie er reagieren wird, und rechnen möglicherweise damit, dass er sie beschimpft oder sich zurückzieht.
In einer kritischen Situation geschieht es leicht, dass man eine/n Schuldige/n sucht, um auf diese Weise die Situation zu bewältigen. Vielleicht neigen Frauen dazu, die Schuld eher bei sich, und Männer dazu, die Schuld eher beim anderen bzw. bei der anderen zu suchen. Diese Reaktion ist verständlich und trotzdem falsch. Bei der Entstehung eines Kindes tragen immer beide die gleiche Verantwortung (es sei denn, es handelt sich um eine Vergewaltigung). Diese geteilte Verantwortung wird mit jedem Geschlechtsverkehr übernommen und verändert sich auch dann nicht, wenn eine Person die Verhütung vornimmt. Die Sorge dafür und das Risiko tragen immer beide. Gerade wenn das Kind nicht gewünscht ist, empfehlen wir jeder Frau, kein Geheimnis aus der möglichen Schwangerschaft zu machen, sondern von Anfang an den Partner zu informieren, dass eine Schwangerschaft eingetreten sein könnte, und die folgenden Schritte gemeinsam zu tun: Das Warten, ob die Menstruation doch noch kommt; einen Test in der Apotheke kaufen und gemeinsam durchführen; gemeinsam zum Test beim Arzt gehen. Männern hilft es, wenn sie von Beginn an einbezogen werden, und beiden hilft es, wenn sie die Situation von Anfang an zu zweit zu bewältigen versuchen.

Schwangerschaft ohne Partner

Zu einem Baby – ob noch im Bauch oder schon im Kinderwagen – gehören im gesellschaftlichen und kirchlichen Bild eine Frau und ein Mann. Je mehr diese Idylle (die natürlich in Wirklichkeit gar keine ist) gepflegt wird, desto schwieriger ist die Situation für Frauen, die ohne Partner schwanger sind.
Selbstverständlich hat sich die Lage gegenüber früher verändert, im Grunde ist sie aber nur verschoben. Die Möglichkeiten der Verhütung und Abtreibung legen bei manchen Menschen das Urteil nahe, dass die betroffenen Frauen selber schuld sind. Es ist keine moralische Schande mehr, ein Kind allein zu bekommen, wie etwa zu Ma-

rias Zeiten, der ja die Steinigung drohte, wenn sich ihr Verlobter nicht zu ihr bekannte. Frauen müssen keine moralischen Konsequenzen mehr fürchten – die Büßerbänkchen, die früher in den Kirchen auch für ledige Mütter bereitstanden, sind längst abgeschafft –, umso mehr aber berufliche und finanzielle. Heute werden Frauen kaum mehr moralisch verurteilt, aber die beruflichen und finanziellen Nachteile, die sie oft ganz allein tragen müssen, sind fast noch schlimmer.

Die Situationen von Frauen, die ohne Partner schwanger sind, sind viel zu verschieden, um einheitlich betrachtet oder gar beurteilt zu werden. Es macht einen großen Unterschied, ob Frauen in der Schwangerschaft ungewollt verlassen werden oder sich in dieser Zeit vom Partner trennen, ob es überhaupt keinen Partner gibt oder ob sie die Situation ganz bewusst so gewählt haben. Aufgrund dieser Unterschiede sind alle folgenden Überlegungen nur Annäherungen. Jede betroffene Frau muss überprüfen, inwieweit sie für sie stimmen und was sie davon beherzigen möchte.

Je schwieriger die Situation der Schwangeren, je turbulenter die Gefühlswelt, umso mehr fahren die Empfindungen und Gedanken Achterbahn. Zunächst darf das alles sein: Ärger, Wut, Trauer, Ängste, Zweifel. Wichtig ist nur, dass die Gefühle ihren richtigen Platz erhalten, dass z. B. Wut auf den Vater nicht zur Wut auf das Kind wird, dass z. B. die Schwangere den Ärger über das Versagen der eigenen Eltern nicht ursächlich bei sich selbst festmacht. Eine zweite Sache ist, wie die Schwangere mit ihren Gefühlen umgeht, dass sie sie gerade nicht gegen sich selber wendet, dass sie auch nicht von den Gefühlen beherrscht wird, sondern selbst handlungsfähig bleibt. Denn gerade in einer schwierigen Situation muss die Frau einen "kühlen Kopf" behalten. Wir machen die Erfahrung, dass es hilft, alle Gefühle so zuzulassen, wie sie sind, sie wahrzunehmen, sie zu benennen und dadurch eine gewisse Distanz zu den manchmal ja auch quälenden Empfindungen zu erreichen. Natürlich vergehen sie dadurch nicht. Wut, die ich mir eingestehe, verfliegt nicht einfach. Doch beherrscht nicht mehr mich die Wut, sondern ich gewinne trotz der Wut einen Handlungsspielraum. Gerade diesen Handlungsspielraum halten wir für Schwangere ohne Partner für besonders wichtig. Denn noch mehr als andere Frauen müssen Schwangere ohne Partner ihre Schwangerschaft von Anfang an bewusst planen und gestalten. Sie müssen sich klar werden, was sie von dem Vater des Kindes (sofern er verfügbar ist) erwarten, und überlegen, wie sie dies einfordern wollen. Je mehr sie mit Widerständen rechnen, desto genauer müssen sie planen, welche Schritte sie unternehmen wollen, um zu ihrem Recht zu kommen. Ähnliches gilt im Blick auf andere Personen, wie Eltern, Geschwister, Freunde/Freundinnen, Kollegen/Kolleginnen und Vorgesetzte oder Arbeitgeber/innen.

Im Gegensatz zu den meisten Frauen mit Partner müssen Schwangere ohne Partner ihre Schwangerschaft (ständig) verteidigen. Dahinter verbirgt sich ein gesellschaftliches Problem, das die betroffenen Frauen allein nicht lösen können. Einer Schwangerschaft ohne Partner haftet noch etwas Unerlaubtes, Skandalöses und Peinliches an. Eine Schwangere ohne Partner kann sich dagegen nur wehren, indem sie ihr Selbstbild unabhängig von diesen Vorurteilen und Verurteilungen festhält oder entwickelt: Schwangerschaft ist keine Schande, sondern ein Schöpfungsakt; und ich bin keine „dumme Gans", sondern eine Frau, die eine schwierige Situation bewältigen will, dafür Verantwortung übernimmt und zugleich auf die Hilfe von Menschen und Institutionen angewiesen ist.

„Wir sind schwanger"

Manche Männer sagen nicht: „Meine Frau ist schwanger", sondern: „Wir sind schwanger". Sie drücken damit aus, dass sie ursprünglich beteiligt waren und auch in Zukunft einbezogen sein wollen. Eine partnerschaftliche Schwangerschaft fällt aber nicht vom Himmel, sondern muss von beiden gestaltet werden. Die werdenden Eltern müssen darüber reden, wie sie sich die „gemeinsame" Schwangerschaft vorstellen und was sie tun können, damit beide Seiten beteiligt und entlastet werden.

Wir denken, die Frage der partnerschaftlichen Schwangerschaft betrifft auch die Paare, die nicht zusammen wohnen oder nicht (mehr) zusammen sind. Natürlich sind dann andere Voraussetzungen gegeben, die andere Gestaltungsformen brauchen. Trotzdem können Männer aus der Trennung der werdenden Eltern nicht den Schluss ziehen, dass sie jetzt nichts beitragen können. Umgekehrt finden wir es nicht richtig, wenn Frauen das werdende Kind zu ihrem Allein-Eigentum erklären.

Was beide für eine partnerschaftliche Schwangerschaft tun können:

Sie:	Er:
• erzählen, wie es ihr körperlich und psychisch geht	• nachfragen, zuhören und sich interessieren
• ihm die neu gekaufte Lektüre zu Schwangerschaft und Geburt hinlegen	• mitlesen und darüber ins Gespräch kommen
• sich im Haushalt helfen lassen, auch wenn er es anders macht	• im Haushalt helfen, auch wenn sie korrigiert oder kommandiert
• ihn an den körperlichen Veränderungen teilhaben lassen	• die körperlichen Veränderungen wahr- und positiv aufnehmen
• ihn zur Untersuchung mitnehmen	• zur Untersuchung mitgehen wollen
• den Monatstisch „öffnen"	• den Monatstisch mitgestalten

Beide:

• miteinander Berührungs-, Streichel- und Massagerituale entwickeln (Experimentieren Sie einfach, was Ihnen gut tut; Anregungen finden Sie im Kapitel zum 5. Monat)
• miteinander für das Kind und die neue Familie beten (ein Kerzlein beim Abendessen anzünden; eine gemeinsame Bitte an Gott richten, sie möge sie begleiten und ihnen helfen)
• den Abend mit gemeinsamen Gedanken an das Kind abschließen
• gemeinsam klären, ob beide einen Geburtsvorbereitungskurs oder einen Babypflegekurs für Paare besuchen möchten

Christiane Bundschuh–Schramm

Zwillinge

Wenige Frauen erfahren gleich beim ersten Ultraschall, dass sie nicht ein Kind, sondern gleich zwei oder mehr Kinder bekommen werden. Statistisch kommt auf 66 Schwangerschaften ein Zwillingspaar. Das ist mehr als früher.
Für die meisten Frauen wird die Mitteilung zunächst ein Schock sein. Einerseits freuen sie sich über die Schwangerschaft, andererseits wollten sie doch „nur" ein Kind. Für werdende Zwillingsmütter und –väter dürfte vieles von dem, was wir schreiben, doppelt und manches nur eingeschränkt gelten. Jedenfalls wünschen wir allen werdenden Eltern von Zwillingen oder Drillingen die doppelte und dreifache Kraft, eine mehrfache Unterstützung durch Freunde, Freundinnen und Verwandte und mindestens doppelt so viele Schutzengel.

*„Als ich erfuhr, dass ich Zwillinge erwarte, war das für mich zunächst einmal ein klei-
ner Schock. Da ich selbst Zwilling bin, wäre ich nie auf die Idee gekommen, dass ich
selber Zwillinge bekommen könnte. Zugleich „tröstete" mich der Gedanke an mein eigenes Zwillingsdasein. Ich dachte mir: Wenn meine Mutter und alle anderen Zwillingsmütter das geschafft haben, dann schaffe ich das auch!*
*Im weiteren Verlauf der Schwangerschaft freute ich mich zunehmend über meine bei-
den Kinder; ich baute zu beiden eine individuelle Beziehung auf und war auch ein bisschen stolz auf meine Zwillingsschwangerschaft.*
*Leider war die Schwangerschaft schon bald von Sorgen überschattet: Der eine Zwilling
war immer etwas zu klein, und ich hatte Angst, ob er bzw. sie sich richtig entwickelt.
Dazu kamen ab Ende des 4. Monats vorzeitige Wehen, sodass ich mich zunächst schonen und dann liegen musste (was mir äußerst schwer fiel!), erst daheim und schließlich im Krankenhaus. Dabei war ich um jeden gewonnenen Tag froh, da ich meinen
Kindern unbedingt ersparen wollte, in den Brutkasten zu müssen! Leider war dies beim
kleineren Zwilling mit 1400 g (35. Woche) doch nötig! Heute merkt man beiden die
Frühgeburt aber längst nicht mehr an."*

(Gabi Theuer, Zwillinge)

Vom Nein zum Ja

In schwierigen Situationen kann am Anfang einer Schwangerschaft ein Nein stehen: „Ich will das Kind nicht!" „Weg mit dem Kind!" ... In manchen Fällen bleibt dieses Nein ein Nein, die werdenden Eltern brechen die Schwangerschaft ab. Oft aber
wird aus dem Nein ein Ja. Trotz widriger Umstände und problematischer Verhältnisse
und ohne dass die Ambivalenz verschwindet, entscheiden sich die werdenden Eltern
für das Kind.
In dieser Zeit der Widerstände und Probleme kommt es besonders darauf an, ehrlich
mit sich selbst und miteinander umzugehen. Am wenigsten hilft es, sich etwas vor-
zumachen. Die Widerstände zu überwinden, kann für eine Partnerschaft einen enor-
men Wachstumsprozess bedeuten. Genauso kommt es aber auch vor, dass die Beziehung daran scheitert.
Nicht immer, aber oft ist es eine Hilfe, den Konflikt nicht für sich zu behalten, sondern die
betroffenen Familien und Freunde/Freundinnen einzubeziehen. Zusätzlich können sich
Paare an Beratungsstellen wenden (siehe Seite 38). Der innere Kampf einer Frau und eines Mannes in dieser Situation kann auch mit Gott gekämpft werden. Mit Gott zu reden,
die Probleme vor ihr auszubreiten, mit ihr zu hadern und zu schimpfen, kann helfen, immer mehr zu dem zu finden, was eine Frau oder ein Mann im Innersten wirklich will.

Beratungsstellen, die weiterhelfen

Eine Beratungsstelle aufzusuchen ist keine Schande. Im Gegenteil, die Beratungsstellen wollen helfen und aufgesucht werden. Es gibt auch kein Problem, das zu klein für eine Beratungsstelle wäre. Ausschlaggebend ist der Wunsch einer Frau, ein Gespräch mit einer fremden Fachfrau führen zu wollen, oder die Not, die immer auch subjektive Not ist. Die folgenden Adressen werden Ihnen helfen, die geeigneten Beratungsstellen in Ihrer Nähe zu finden:

Schwangerschaftsberatung der katholischen Kirche

Die Beratungsstellen der katholischen Kirche bieten persönliche Beratung, konkrete Hilfe und längerfristige Begleitung für Schwangere:
* *bei Fragen zu Schwangerschaft und Geburt*
* *bei Schwangerschaftskonflikten*
* *bei Konflikten mit dem Partner oder mit den Eltern*
* *im Zusammenhang mit vorgeburtlicher Diagnostik*
* *bei einer möglichen Behinderung des Kindes*

In Deutschland gibt es 301 Beratungsstellen. Die Adresse in Ihrer Nähe finden Sie über:
Fon: 0 18 05 / 22 10 01
Internet: http://wir-helfen-und-beraten-weiter.de oder http://www.caritas.de
oder über das Telefonbuch unter Caritasverband

donum vitae. beraten – schützen – weiter helfen

Vereinigung zum Schutz des menschlichen Lebens
donum vitae ist ein eingetragener Verein, in dem sich katholische Christen und Christinnen zusammengeschlossen haben, um bundesweit Beratungsstellen mit folgendem Angebot zu unterhalten:
* *Konfliktberatung mit dem Ziel, ungeborenes Leben zu schützen und Betroffenen eine Perspektive für das Leben mit ihrem Kind zu eröffnen,*
* *Bescheinigung über die Beratung, wenn dies gewünscht wird,*
* *Begleitung und Unterstützung nach der Entscheidung.*

In Deutschland gibt es derzeit 66 Beratungsstellen. Die Adresse in Ihrer Nähe finden Sie über:
Fon: 02 28 / 3 86 73 43
Fax: 02 28 / 3 86 73 44
Internet: http://www.donumvitae.org
donum vitae e.V.
Breite Straße 27
53111 Bonn

Schwangerschaftsberatung der evangelischen Kirche

Die Beratungsstellen der evangelischen Kirche bieten:
* *Konfliktberatung*
* *Beratung und Begleitung während der Schwangerschaft, nach der Geburt des Kindes ebenso wie nach einem Abbruch der Schwangerschaft*
* *Informationen über Rechtsansprüche und Hilfsangebote, Unterstützung bei der Durchsetzung dieser Ansprüche bis hin zur Vermittlung konkreter Hilfen*
* *Therapeutische Hilfe für Einzelne und Paare*

Die Adresse in Ihrer Nähe finden Sie im Telefonbuch unter Evangelische Kirche. Diakonisches Werk.

PRO FAMILIA Beratungsstellen

PRO FAMILIA – Bundesverband
Stresemannallee 3
60596 Frankfurt/Main
Fon: 0 69 / 63 90 02
Fax: 0 69 / 63 98 52
E-Mail: info@profamilia.de
Internet: http://www.profamilia.de

Im Internet finden Sie über die Adresse des Bundesverbandes alle Landesverbände und deren Beratungsstellen.
In größeren Städten wird frau auch über das Telefonbuch fündig.

Schwangerschaftsberatungsstellen der Arbeiterwohlfahrt

AWO Bundesverband e.V.
Postfach 41 01 63
53023 Bonn
Fon: 02 28 / 66 85 0
Fax: 02 28 / 66 85 209
E-Mail: info@awo.org
Internet: http://www.arbeiterwohlfahrt.de

Über die Internetseite des Bundesverbandes finden Sie die Adressen der Schwangerschaftsberatungsstellen.

Stolz sein –
alles richtig machen wollen

3. Monat

9.–12. Woche

Empfinden – Wahrnehmen

Schon ist die Schwangerschaft beinahe Alltag geworden. Frau hat sich langsam an den Gedanken gewöhnt. So wie sich die innere Einstellung stabilisiert, stabilisiert sich auch die Schwangerschaft.

Immer noch: mulmig im Bauch

Vielen Schwangeren – statistisch gesehen etwa der Hälfte – ist es im 3. Monat immer noch übel. Morgens nach dem Aufstehen oder den ganzen Tag über bleibt ein mulmiges Gefühl im Bauch oder der Halsgegend. Wenn es schon eine Weile andauert, ist es manchmal schwer zu ertragen. Viele Schwangere zählen dann die Tage, die sie noch durchhalten müssen, bis die Erfahrung der meisten Leidensgenossinnen Besserung verspricht. Man sagt, zum Ende des 3. Monats hört die Übelkeit auf.

Medizinisch gesehen ist die Übelkeit ein gutes Zeichen. Wenn der Schwangeren schlecht ist, ist die Schwangerschaft intakt. Wenn das kein Trost ist!

Da frau nicht viel gegen die Übelkeit tun kann, hilft am besten eine Mischung aus Ablenkungen durch Arbeit, Gespräche, Hobbys und Erholungspausen. Oft ist es egal, was frau isst, es wird ihr immer schlecht davon oder zumindest nicht besser. Daher darf sie sich genau das gönnen, worauf sie Lust hat. Nach dem Motto „Wenn mir schon schlecht ist, soll es wenigstens Spaß machen" darf auch einmal etwas teurer eingekauft werden. Selbst wenn dabei seltsame Speisepläne entstehen, bewirkt das Essen nach Lust und Laune auch, dass die Schwangere nicht zu viel abnimmt und dadurch zusätzlich leidet.

> „Ich dachte, die kommenden vier Wochen gehen nie rum. Langsam relativierte ich meinen Geburtsschock der ersten Geburt und fand die 17 Schmerzstunden am Stück erträglicher als 7 Wochen Übelkeit. Allein die Verheißung, dass die Übelkeit ein Zeichen für das gute Gedeihen meines Kindes sei, ließ mich nicht verzagen."
> *(Cleo Seidl, 1 Kind)*

Stolz sein dürfen

Mit der Stabilisierung der Schwangerschaft wächst auch der Stolz auf den neuen Zustand. „Ich bin schwanger" ist ein schöner Satz, den Frauen wie ein Gebet innerlich wiederholen und sich dabei gut fühlen können. Natürlich bleibt die Ambivalenz. Mit den Glücksgefühlen mischen sich Ängste und Sorgen. In den Stolz verirren sich Zweifel und Kummer. Vielleicht kündet die bleibende Übelkeit auch davon. Niemand sagt, dass ab dem dritten Monat nur noch schöne Gefühle zugelassen sind. Die Ambivalenz der Gefühle darf sein und wird auch bleiben. Sie begleitet Frauen in der Rolle als Schwangere und später als Mutter. Aber trotzdem, trotz der Ängste im Untergrund: Frauen dürfen stolz sein auf ihren Zustand und das neue Leben mit Körper und Seele genießen: „Hurra, ich bin schwanger!"

Alles richtig machen wollen

Wer sich noch nicht mit Lektüre eingedeckt hat, aber gern liest, wird es spätestens jetzt tun. Die Bücherregale in den Buchhandlungen zu Schwangerschaft und Geburt sind breit, und Frauen haben die Qual der Wahl. Auch Monatszeitschriften wie „Eltern" und „Leben und Erziehen" bieten immer wieder Sonderhefte zu Schwangerschaft und Geburt. Außerdem wird frau von der Frauenarztpraxis mit zahlreichen Heften und Broschüren versorgt.
Genauso wie in diesem Buch findet frau in den meisten dieser Ratgeber einen Schwangerschaftskalender und kann jeden Monat verfolgen, was körperlich bei ihr geschieht. Wenn sie mag, kann sie schon einmal vorblättern und gucken, was noch kommt, oder sich zusätzlich mit einzelnen Themen beschäftigen.
Die Ratgeber treffen das Bedürfnis vieler Frauen, in der Schwangerschaft alles richtig zu machen. Dieses Bedürfnis ist im dritten Monat besonders groß, da Frauen ihren schwangeren Körper noch nicht so gut kennen und noch wenig Erfahrung mit dem neuen Zustand haben. Es ist ein normaler Wunsch, alles richtig machen zu wollen und sich dadurch sicherer zu fühlen. Alles, was dies unterstützt, soll die Schwangere tun dürfen: Ratgeber studieren, Freundinnen fragen, den Arzt oder die Ärztin konsultieren. Wir empfehlen allen Frauen aber auch, nicht nur nach außen zu hören, sondern auch auf das Innere. Frau kann ihr inneres Gefühl befragen und findet dadurch die nötige Sicherheit bei sich selbst.

Trotzdem lassen können

Trotzdem gehört zur Schwangerschaft wie zum Leben insgesamt, dass nicht alles in den Händen der Frauen und der Ärzteschaft liegt. Vieles, ja das meiste hängt nicht von uns ab, sondern wir dürfen es geschehen lassen und sind zum Warten und Lassen eingeladen und manchmal verdammt. Es ist schmerzlich, wenn man nicht alles in der Hand hat, aber es tröstet auch. Wir haben unseren Teil der Verantwortung, und den müssen wir wahrnehmen, aber wir haben bei weitem nicht die ganze Verantwortung. Wenn der schlimme Fall eintritt, dass ein Kind im dritten Monat (manchmal früher, manchmal später) stirbt, dann trifft uns keine Schuld. Wir haben nicht etwas falsch gemacht, und deshalb ist unser Kind gestorben. Da würden wir unsere Macht völlig überschätzen. Wenn es passiert, dann war das Kind nicht lebensfähig, und wir hätten es mit all unserer Kraft nicht retten können. Auch dies müssen wir geschehen lassen, so wie wir geschehen lassen dürfen, dass es wächst und wird – fast ohne unser Zutun.

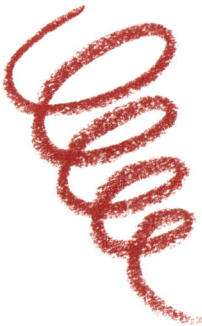

Ausdrücken – Vertiefen

Monatstisch

Im dritten Monat passt zum Beispiel auf den Monatstisch:

- die neue Lektüre zur Schwangerschaft und der Roman oder Krimi, den die Schwangere in den hoffentlich häufigen Erholungspausen liest
- eine Aufmerksamkeit des Partners
- das zweite Ultraschallbild
- die Liste der Personen, denen frau es sagen will und/oder schon gesagt hat
- Kataloge mit Babysachen oder Umstandsmode
- das Schwangerschaftstagebuch, sofern die Schwangere ein Tagebuch führen möchte. Die Schwangere kann diesem Buch anvertrauen, was sie in der Zeit der Schwangerschaft bewegt, welche kleinen Ereignisse stattfinden oder was sie für die nächsten Tage oder für später behalten will. Auch Texte, Gedichte, Übungen und Bilder können hineingelegt oder –geklebt werden. Wer gern schreibt und die Zeit schreibend festhält und reflektiert, findet im Tagebuch eine passende Form.

Übungen

Nachricht an die Bäume, Enten und Hühner

Bäume, Enten und Hühner sind ideale Zuhörerinnen für freudige Nachrichten, die frau gern in die Welt hinausposaunen würde, sich aber nicht traut. Beim Spaziergang (der jetzt sowieso gut tut), auf dem Weg zur Arbeit oder beim Einkaufen kommt frau ohnehin an Bäumen oder Tieren vorbei, oder sie macht einen kleinen Umweg. Dann bleibt sie stehen und erzählt ihre freudige Nachricht – einmal und immer wieder. Wetten, die Hühner kommen angelaufen und hören zu! Wetten, die Bäume bleiben stehen und lauschen!

Ein Besuch in der Babyboutique oder im Katalog
oder in der Umstandsmodenabteilung

Es ist klar, für den Kauf von Babysachen ist es noch etwas früh, und selbst bis frau die Umstandsmode braucht, vergeht noch einige Zeit. Aber in Katalogen zu schmö-kern oder durch die entsprechenden Abteilungen in Kaufhäusern und Geschäften zu flanieren und dabei ein bisschen zu träumen, ist mehr als erlaubt. Es macht Spaß und hilft, das neue Leben vorzuphantasieren und sich damit immer mehr anzufreunden.

Entspannungsübung

Verschaffe dir einen guten Stand. Deine Füße sollen fest auf dem Boden stehen. Spü-re, dass die Erde dich trägt. Lass deinen Atem ruhig durch dich hindurch fließen. Jetzt beginne deinen Körper durchzuklopfen (mit den flachen Händen oder mit bei-den Händen eine lockere Faust machen, wobei die Daumen frei sind; mit der Innen-seite abwechselnd den Körper klopfen). Beginne mit den Füßen, Unter- und Obersei-te, dann folgen Knöchel, Beine, Unterschenkel, Oberschenkel, Beckenraum, Gesäß, Leisten, Bauch, Rücken. Dem Bauch kannst du besondere Aufmerksamkeit widmen. Bei den Armen klopfe von den Händen zur Schulter und wieder zurück zu den Hän-den. Den Brustraum klopfe vorne und hinten.
Es folgen Kopf, Halswirbel und Scheitel und sanft mit den Fingerkuppen das Gesicht. In der gleichen Reihenfolge streichle deinen Körper sanft und liebevoll, bis du bei deinem Gesicht angekommen bist.
Zum Schluss kannst du den Körper mit den flachen Händen von oben herab ausstrei-chen.

Annedore Barbier-Piepenbrock

Rituale

Gebetsgebärde: Richte mich auf

Text:	Bewegung:
Gott, mein Gott, ich verneige mich vor dir. Meinen gekrümmten Rücken bringe ich vor dein Angesicht.	Beginn mit aufrechtem Stand, langsames Verneigen (Wirbel für Wirbel), so weit es noch geht.
Vom Boden her richte mich wieder auf und lass mich dir entgegenwachsen,	Sich langsam wieder aufrichten, die Arme nach oben führen, bis frau in der ausgestreckten Haltung angekommen ist. Die Hände berühren sich nicht (Abstand ca. 20 cm).
wie ein Halm, den deine Kraft durchfließt, wie eine Blume, die vor dir aufgeht.	Die Arme werden zur Seite geöffnet, bis frau in der Kreuzgestalt angekommen ist. Danach Senken der Arme und Neubeginn.

Mehrmalige Wiederholung mit und ohne Text möglich.

Christiane Bundschuh-Schramm

Ritual zum Monatsende

Alle vier Wochen geschieht ein kleiner Übergang. Ein Monat liegt hinter uns, der nächste steht unmittelbar vor der Tür. Am Ende jedes Monats kann sich die Schwangere eine Zeit der Rückschau und der Vorschau gönnen und ein kleines Schwellenritual vollziehen:

- Ich stelle mich (oder setze mich) in die Mitte des Raumes (oder der Natur) und ziehe mit dem Finger einen Kreis um mich.
- Ich wende mich bewusst um und schaue zurück: Was war in diesem Monat? Welche Bilder kommen mir? Welche Ereignisse fallen mir ein? Ich halte eine Zeit der Stille und der Rückschau. Dann wende ich mich bewusst wieder um.
- Jetzt betrachte ich meinen momentanen Ort, mein Heute. Ich nehme den Platz, an dem ich den Kreis gezogen habe, wahr. Ich nehme mich wahr, wie ich jetzt da bin. Ich verweile in Stille.

• Dann öffne ich mich dem Raum und der Zeit vor mir und halte Ausschau in den nächsten Monat: Was wünsche ich mir für den nächsten Monat? Was erhoffe und ersehne ich für mich, für das Baby, für andere, die mir am Herzen liegen?
In einem Gebet lege ich alles vor Gott:

Gott, hier bin ich.
Du kennst, was war.
Du weißt, was jetzt ist.
Ich bitte dich für die kommenden Wochen:
Höre meine Wünsche,
stille meine Sehnsucht
und segne mich und das Baby.
Amen.
Christiane Bundschuh-Schramm

Ritual zur Tagesrückschau
Ich setze mich auf den Boden oder auf einen Stuhl.
Ich forme meine Hände zu einer Schale und betrachte sie:
In der Schale liegt das, was an diesem Tag war.
Ich sehe es an und lasse Bilder kommen.
Ich halte die Schale Gott hin, indem ich die Arme und Hände leicht nach oben führe:
Gott möge alles ansehen, was in dieser Schale liegt.
Ich übergebe die Schale und ihren Inhalt Gott und lasse alles los:
Gott möge alles, was heute war, annehmen und verwandeln. Wenn er es annimmt, kann ich es loslassen und ruhig in die Nacht gehen.
Das Ritual kann mehrmals wiederholt werden, und immer wieder können neue Dinge sichtbar werden, die noch in der Schale liegen und die die Betende übergeben will.

Ritual zum Schlafengehen

Text:	Bewegung:
Mein Kind (Baby, ...), ich bin bei dir und halte dich.	Ich liege im Bett und lege meine Hand auf meinen Unterleib, auf mein Baby.
Hundert Englein umstehen und bewachen dich.	Ich male mit dem Finger einen Kreis auf meinen Unterleib.
Gott segne und behüte dich.	Ich zeichne mit dem Daumen ein kleines Kreuz auf meinen Unterleib.
Dir und mir eine gute Nacht.	Ich streiche mit der Handfläche schräg über meinen Unterleib.

Christiane Bundschuh-Schramm

Das Ritual zum Schlafengehen kann auch der Partner durchführen. Am Morgen heißt es einfach: Dir und mir einen guten Tag.

Gebete und Lieder

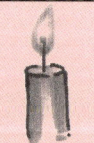

Alles richtig machen
Um Himmels willen keine Fehler machen,
mit Gottes Hilfe alles richtig machen.
Jetzt schon alles für dich tun, mein Kind,
dass du lebst, dass es dir gut geht,
dass du wächst und auf die Welt kommen willst,
in meine Arme, aus Gottes Hand.
Von ihr mögest du jetzt gehalten sein,
dass Gott tue, was ich nicht kann.
Amen.
Christiane Bundschuh-Schramm

Weil du meine Schritte kennst

Musik: Michael Schramm / Text: Christiane Bundschuh-Schramm

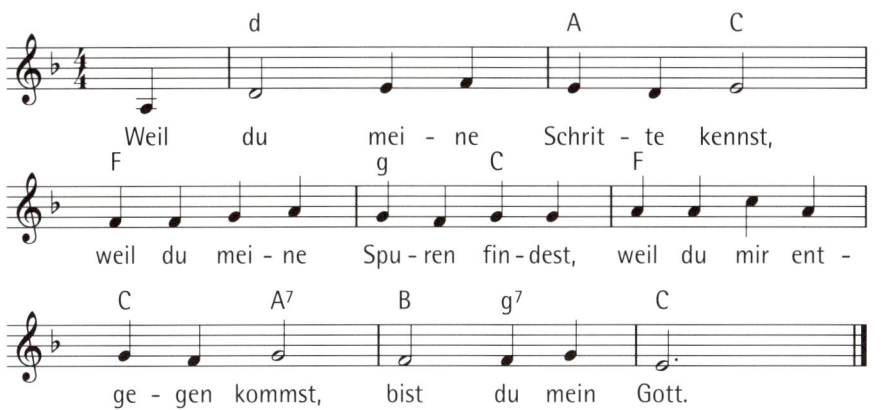

Anknüpfen – sich wiederfinden

Die Ankündigung der Geburt Simsons

Im Ersten Testament der Bibel findet sich folgende Erzählung:

*D*amals lebten in Israel ein Mann namens Manoach und seine Frau, deren Namen leider nicht überliefert wurde. Sie hatten bislang keine Kinder, obwohl sie sich welche wünschten. Eines Tages (oder war es nachts?) erschien der Engel Gottes der Frau und sagte zu ihr: Gewiss, ihr konntet bisher keine Kinder bekommen; aber du sollst schwanger werden und einen Sohn gebären. Nimm dich jedoch in Acht und trink weder Wein noch Bier und iss nichts Unreines! Denn siehe, du wirst schwanger werden und einen Sohn gebären. Es darf keine Schere an seine Haare kommen, denn das Kind wird von Geburt an ein Gott geweihter Mensch sein. Er wird damit beginnen, Israel aus der Gewalt seiner Feinde zu befreien. Die Frau ging zu ihrem Mann und sagte: Ein Gottesmann ist zu mir gekommen; er sah aus, wie der Engel Gottes aussieht, faszinierend *und gleichzeitig furchterregend. Ich habe nicht gewagt zu fragen, woher er kam, und er hat mir seinen Namen auch nicht genannt. Aber er hat zu mir gesagt: Siehe, du wirst schwanger werden und einen Sohn gebären. Trink jedoch keinen Wein und kein Bier, und iss nichts Unreines, denn das Kind wird von Geburt an ein Gott geweihter Mensch sein, bis zum Tag seines Todes. Da betete Manoach zu Gott und sagte: Bitte, mein Gott, lass doch den Gottesmann, den du gesandt hast, noch einmal zu uns kommen und uns belehren, was wir mit dem Kind machen sollen, das uns geboren werden soll. Und Gott erhörte die Bitte Manoachs. Der Engel Gottes kam noch einmal zu der Frau, als sie gerade auf dem Feld war; ihr Mann Manoach war nicht bei ihr. So lief sie schnell, um ihn zu holen, und Manoach folgte ihr. Als er zu dem Mann kam, fragte er ihn: Bist du der Mann, der mit meiner Frau geredet hat? Er antwortete: Ich bin es. Da sagte Manoach: Wenn sich nun dein Wort erfüllt, wie sollen wir es mit dem Kind halten, was sollen wir mit ihm tun? Der Engel Gottes antwortete Manoach: Deine Frau soll sich vor all dem hüten, was ich ihr gesagt habe. Nichts, was vom Weinstock kommt, darf sie genießen; weder Wein noch Bier darf sie trinken noch etwas Unreines essen. Alles, was ich ihr aufgetragen habe, muss sie beachten. Manoach sagte zum Engel Gottes: Wir möchten dich gerne einladen und dir ein Ziegenböckchen zubereiten. Aber der Engel des Herrn sagte zu Manoach: Auch wenn du mich einlädst, werde ich von deinem Mahl nichts essen. Wenn du aber ein Brandopfer herrichten willst, bring es Gott dar! Manoach wusste nämlich noch immer nicht, dass es der Engel Gottes war. Deshalb fragte Manoach den Engel Gottes: Wie ist dein Name? Wenn eintrifft, was du gesagt hast, möchten wir dir gern Ehre erweisen. Der Engel Gottes erwiderte: Warum fragst du mich nach meinem Namen? Er ist „Wunderbar". Da nahm Manoach das Ziegenböckchen und brachte es zusammen mit einem Speiseopfer auf einem Felsblock dem Gott dar, der Wunder tut; und Manoach und seine Frau sahen zu. Als die Flamme vom Altar zum Himmel aufstieg, stieg der Engel Gottes in der Flamme mit empor. Als Manoach und seine Frau das sahen, warfen sie sich zu Boden auf ihr Gesicht. Von da an aber erschien der Engel Gottes den beiden nicht mehr. Da erkannte Manoach, dass es der Engel Gottes war, und sagte zu seiner Frau: Sicher müssen wir sterben, weil wir Gott gesehen haben. Doch seine Frau entgegnete ihm: Wenn Gott uns hätte töten wollen, hätte er nicht aus unserer Hand Brand- und Speiseopfer angenommen, und er hätte uns nicht all das sehen und uns auch nicht all das hören lassen. Die Frau gebar einen Sohn und nannte ihn Simson. Das Kind wuchs heran, und Gott segnete es.*

(Diese Geschichte finden Sie in der Bibel im Buch der Richter, Kapitel 13.)

Johann Friedrich Overbeck, Josephs Traum, 1810

Wenn es um Schwangerschaft und Geburt geht, scheinen Männer schwer von Begriff zu sein. Sie wollen alles selbst hören und selbst sehen und genau wissen. Sie brauchen Nachhilfeunterricht, wie Manoach, und Gott ist gütig genug, ihm diesen zu gewähren.

Die Frau aber weiß gleich, was ihr geschieht. Ein Gotteskind wächst in ihrem Bauch heran, etwas Besonderes, etwas so Wertvolles, dass sie dafür verschiedene Arten von Enthaltsamkeit auf sich nehmen kann. Dass sie ihm die Haare nicht schneiden darf, wird ihr aufgetragen. Was das bedeuten mag? Vielleicht weist es auf die Unantastbarkeit des Menschen hin. Jeder Mensch ist Gott geweiht und heilig und darf daher nicht versehrt werden.

Zunächst fanden wir es schade, dass die Frau keinen Namen hat. Aber ihre Anonymität kann auch helfen, unsere Namen einzusetzen: Zu mir kommt der Engel Gottes, spricht mich mit meinem Namen an und sagt: Du wirst schwanger werden und ein Kind gebären. Du darfst ihm niemals absichtlich weh tun, denn dein Kind wird von Geburt an Gott geweiht und heilig sein.

Impulse zum Betrachten

- Ich stelle mir vor, wie der Engel Gottes zu mir kommt und mir die Geburt meines Kindes ankündigt.
- Ich überlege mir, welche Dinge er mir aufträgt, weil mein Kind heilig ist: z. B. nicht rauchen, öfter spazieren gehen, mich schonen, keine Überstunden mehr machen.
- Ich vergleiche Manoach mit meinem Partner: Wo gibt es Ähnlichkeiten, wo sind die beiden verschieden?
- Ich suche den kleinen Engel im Schrank und stelle ihn zum Monatstisch oder auf mein Nachtschränkchen; oder ich kaufe oder bastle einen kleinen Engel zum Hinstellen oder Mitnehmen.

Bewegen – Besprechen

Wie sag ich's meinem Arbeitgeber?

Wenn die Ärztin oder der Arzt die Schwangerschaft feststellt, stellt sie/er gleich eine Bescheinigung für den Arbeitgeber aus. Die Bescheinigung enthält schon die ganze Zukunft: Feststellung der Schwangerschaft, voraussichtlicher letzter Arbeitstag, voraussichtlicher Entbindungstermin.

Auch wenn frau sich noch etwas Zeit lassen kann, wird sie nicht umhin kommen, ihren Chef oder ihre Chefin über die Schwangerschaft zu informieren. Die Situation ist deshalb heikel, weil die Schwangere eine sehr intime und private Nachricht an eine mehr oder weniger fremde Person, mit der sie meist nur in geschäftlicher Beziehung steht, weitergeben muss. Vorgesetzte hören die Nachricht mit zwei Ohren: mit dem privaten, mit dem sie sich hoffentlich freuen können, und mit dem beruflichen, mit dem sie die entstehenden organisatorischen und betrieblichen Probleme hören.

Es ist vernünftig, diese verschiedenen Anteile ernst zu nehmen. Trotzdem denken wir, dass jede Frau ein Recht auf ihre Schwangerschaft hat. Die persönlichen und die gesamtgesellschaftlichen Interessen sollten Vorrang vor den betrieblichen haben. Frau darf die für ihre Kollegen/Kolleginnen und Vorgesetzten entstehenden Probleme nicht als ihre privaten verstehen. Es sind Probleme der gesamten Gesellschaft, die ja Kinder will, und damit aller Frauen und Männer dieser Gesellschaft. Die gelingende Verbindung von Beruf und Familie, Arbeitsverhältnis und Schwangerschaft liegt im Interesse der Gesamtgesellschaft. Deshalb kann es nicht allein Aufgabe einer einzelnen Frau oder eines Paares sein, Lösungen und Wege zu suchen.

Fehlgeburt

Eine Fehlgeburt ist etwas sehr Schmerzliches. Auch wenn sie relativ häufig vorkommt, ist jede Fehlgeburt ein einmaliges und trauriges Ereignis, das verkraftet werden muss. Es gibt nicht *die* Fehlgeburt und es gibt nicht *die* Trauer.

Jede betroffene Frau erlebt die Fehlgeburt und ihre Trauer anders. Noch einmal anders wird eine Fehlgeburt von mitbetroffenen Männern und von der Umwelt (Verwandte, Freunde/Freundinnen, Arbeitskollegen/kolleginnen) miterlebt. Dabei gibt es keine falschen Gefühle und keine falsche Trauer. Jede Frau empfindet auf ihre Weise. Sie ist nicht anormal, wenn das Kind für sie schon viel größer war als in der Realität und sie sehr intensiv trauert. Sie ist aber auch nicht anormal, wenn sie den Schmerz bald überwindet und sich auf die Zukunft konzentriert. Jeder Frau steht von Seiten des Partners und von Seiten der Umwelt Achtung vor dem je eigenen Erleben und der je eigenen Trauer zu. Schlimm ist es, wenn Menschen ihr die Trauer ausreden wollen, wenn die Leute um sie herum gleich wieder zur Tagesordnung übergehen. Oft mangelt es auch an der notwendigen Sensibilität im Krankenhaus. Der für die Schwangere höchst brisante und heikle Eingriff ist für Ärzte, Ärztinnen und Klinikpersonal tägliche Routine.

Wir möchten Frauen, die in der Schwangerschaft ein Kind verlieren, dazu ermutigen, sich den Raum für ihren Schmerz und ihre Trauer zu nehmen, den sie brauchen. Vielen Frauen hilft es, andere zu suchen, die Ähnliches erlebt haben, und mit ihnen alles zu bereden. Sobald frau offen darüber spricht, berichten oft auch andere Frauen von ihrer Fehlgeburt, von der vorher niemand etwas wusste.

Frau muss damit rechnen, dass der Partner anders trauert und kaum darüber redet. Vielleicht trauert er weniger, da das Kind für ihn bislang nicht so leibhaftig war wie für die Frau. Wegen dieser unterschiedlichen Trauer gibt es oft Streit und Verletzungen zwischen den Partnern. Wir finden wichtig, dass der Mann seiner Partnerin gegenüber viel

„Ich hatte eine Totgeburt in der 21. Woche, direkt vor Weihnachten, und brauchte lange, dies zu verarbeiten. Ich wollte wieder schwanger werden, aber es klappte nicht. Fast 2 Jahre nach dem Verlust meines ersten Sohnes hatte ich einen Traum: Mein kleiner Sohn lief weiß angezogen aus einem großen Wald und pustete Seifenblasen. Ich lachte mit ihm, und wir fingen sie gemeinsam. Dann drehte er sich plötzlich um und lief zurück in den Wald; und es war gut so, ich konnte ihn gehen lassen. Intuitiv spürte ich, was der Traum bedeutete: Ich hatte ihn losgelassen. Die Zeit war gekommen, ein weiteres Kind empfangen zu können, und kurz darauf wurde ich wieder schwanger."
(Ingrid Wedl, 2 Kinder)

Feingefühl zeigt und ihre Trauer wertschätzt und sich in ihre Trauer einzufühlen bereit ist. Wenn er sich für ihre Trauer verstehend interessiert und sie ihm immer wieder die Trauer zeigen kann oder davon sprechen darf, dann kann sie leichter akzeptieren, dass seine Trauer anders aussieht und wahrscheinlich nicht so intensiv ist. Wir wollen Frauen auch Mut machen, sich von ihrem Beruf die Zeit zu nehmen, die sie jetzt brauchen. Frauen können ihrem Arzt sagen, dass sie jetzt zwei Wochen Raum für sich brauchen und krank geschrieben werden müssen. Sich Zeit zu lassen finden wir in vielerlei Hinsicht notwendig: im Blick auf das Abschiednehmen vom Kind und die eigene Trauer; im Blick auf die Rückkehr ins gewohnte Leben; im Blick auf die Partnerschaft und im Blick auf eine weitere Schwangerschaft. Frauen mögen ihrem Gefühl, ihrer inneren Stimme und ihrem Körper vertrauen. Sie können sich darauf verlassen, dass sie in sich spüren werden, wann die rechte Zeit gekommen ist. Für manche Frauen mag es hilfreich sein, die inneren Empfindungen und Erfahrungen äußerlich auszudrücken; der Trauer, die bei einer Fehlgeburt keinen Ort hat, einen Ort zu geben. In einem Ritual zur Fehlgeburt, in einem Text, den frau immer wieder lesen kann, oder in einzelnen rituellen Handlungen sehen wir gute Möglichkeiten, die Erfahrungen auszudrücken und vor Gott hinzulegen. Was wir Gott anvertrauen und ihr übergeben, können wir mit der Zeit leichter loslassen.

Ritual zur Fehlgeburt – erzählte Erfahrung

Ich hatte leichte Blutungen bekommen und war sofort zum Arzt gegangen. Das Ultraschallbild ließ schon ahnen, dass mein Kind gestorben war. Es wurde aber nochmals Blut genommen, und am Abend rief mich der Frauenarzt zu Hause an, um mir mitzuteilen, dass ich eine Fehlgeburt habe. Ich war allein zu Hause, mein Mann war beruflich unterwegs. Ich lief im Zimmer herum und weinte. Intuitiv suchte ich einen Ort, wo ich trauern konnte. Wie von selbst holte ich Dinge zusammen, die zu meiner Trauer gehörten oder meiner Trauer sichtbaren Ausdruck geben konnten. Ich nahm die Ultraschallbilder, die Folsäuretabletten und den neu gekauften Ratgeber zur Schwangerschaft und legte alles im Wohnzimmer in einer Ecke auf den Teppich. Ich holte mein großes schwarzes Tuch mit buntem Muster aus dem Garderobenschrank und bedeckte damit die Dinge, die meine Schwangerschaft bedeuteten. Es war wie ein kleines Grab, das auf einmal entstanden war. Dann legte ich auf das Tuch Dinge, die mir begegneten und die ich spontan als passend empfand: das kleine Holzkreuz aus meinem Schlafzimmer; die beiden Steinhälften, die außen fast hässlich waren, aber innen wunderschön (ich legte sie aufeinander, und sie symbolisierten auf einmal die Schönheit meines Kindes, die sich verbarg und für immer verborgen blieb), ein Rosenkranz mit weißen Perlen, ein kleines weißes Tuch und ein kleiner weißer Stein, die zwischen dem Schwarzen hervorlugten und etwas von dem verwandelten Leben meines Kindes zeig-

ten. Als alles bereitet war, setzte ich mich zum Grab meines Kindes auf den Boden und sprach mit meinem Kind. Ich hatte das Gefühl, dass es fortgegangen war, weit fort, hinaus in die Weite, und dass ich dorthin nicht mitgehen kann. Ich spürte diese Trennung und diesen Übergang meines Kindes in eine andere Welt, und das Schmerzlichste war für mich, dass ich nicht mitgehen konnte. Und doch waren die Gedanken, das Sprechen mit meinem Kind und mit Gott und die Tränen heilsam. Ich war selber erstaunt, dass ich Gott keine Vorwürfe machte. Ich ließ es einfach geschehen und war dankbar, dass es dieses Kind gab, obwohl es jetzt fortgegangen war.

Am anderen Tag, als mein Mann kam, ließ ich ihn an meinem Grab Platz nehmen und erklärte ihm alles, was ich da gemacht hatte. Er kaufte eine Rose und legte sie zum Grab dazu und war damit auch mit seiner Trauer sichtbar beteiligt.

Ein Jahr lang blieb diese kleine Grabstätte im Wohnzimmer, und immer wieder setzte ich mich nieder und sprach mit meinem Kind und mit Gott. Manchmal streifte nur mein Blick den Ort meiner Trauer, und ich dachte an mein Kind. Ich hatte ihm auch einen Namen gegeben, damit ich es ansprechen konnte. Mein Mann verstand das nicht, aber mir war es wichtig.

Christiane Bundschuh-Schramm

Julie Fritsch, Unendlich ist der Schmerz

Segen über einer Fehlgeburt

Du warst ein Kind der Hoffnung,
unsere Liebe umhüllte dich,
unsere Fantasie schmückte dein
Leben aus.

Du warst ein Kind der Freude.
Wie eine Blüte ging unser Herz auf,
denn wir erwarteten dich voll
Sehnsucht.

Du warst ein Kind des Lebens.
Wir wollten unser Leben weitergeben
und uns selbst beschenken lassen.

Du bleibst unser Kind.
Doch du bist ein Kind der Sehnsucht,
das zu einem Kind der Trauer wurde.

Du hast sie nicht gesehen,
den Sonnenglanz und die Mond-
sichel.
Du hast nicht in unsere leuchtenden
Augen geschaut.
Nun aber siehst du das Licht,
das strahlende, wärmende Licht
der Liebe Gottes.
Auch du wohnst im Hause Gottes,
wo viele Wohnungen sind.

Du bist gesegnet
du Kind der Hoffnung, der Freude
und des Lebens.
Und mit dir ist gesegnet
unsere Trauer um dich,
du Kind bei Gott.

Hanna Strack

Mein Kind
du wächst in mir
und hast bereits
dein eigenes Leben:
deine Eigenart
deine Haarfarbe
dein Geschlecht
deine Krankheiten
deine Augen ...
von Anfang an
dein eigenes Leben
und auch
deinen eigenen Tod

Ingrid Wedl

Rituelle Handlungen

- Wie ich ein Kerzlein in der Kirche als Zeichen meiner Freude und Dankbarkeit anzünden kann, so kann ich auch jetzt eine Kerze für mein verstorbenes Kind anbrennen und dabei an es denken und für es und mich beten.

- Ich suche mir eine Musik (vielleicht fällt mir intuitiv eine ein), die ich immer wieder höre und in die ich meine Enttäuschung, meinen Schmerz, meine Trauer und meine Hoffnung hineinlegen kann.

- Ich wähle einen Ort in der Natur als Ort meiner Trauer und gehe, sooft ich es möchte, dorthin und verweile, rede mit dem Kind, führe Selbstgespräche, hadere mit Gott oder schweige.

- Ich wähle ein Bild, das meine Trauer ausdrückt, um es bei mir zu tragen oder anzusehen, oder ich forme aus Ton eine Gestalt, die mein Inneres für mich sichtbar und akzeptierbar macht.

- Ich gebe meinem verstorbenen Kind einen Namen – vielleicht einen von denen, die ich ihm eh geben wollte (unabhängig, ob es ein Mädchen oder ein Junge war) oder ich suche einen neuen Namen, der für beide Geschlechter möglich ist. Der Name hilft mir, mit meinem Kind zu sprechen und es durch den Namen in mir zu bewahren. Der Name sagt mir auch, dass Gott dieses Kind kennt und seinen Namen unauslöschlich in seine Hand geschrieben hat.

Beratungsstellen, die weiterhelfen

Hilfen für Frauen, die ein Kind verloren haben

Initiative „Regenbogen-Glücklose Schwangerschaft e.V."
Die Initiative hat Kontaktpersonen in ganz Deutschland, die Regenbogen-Gruppen als Selbsthilfegruppen leiten.
Außerdem gibt es einige Broschüren und Materialien, die Informationen und Hilfe enthalten.

Kontaktadresse:
Hauptgeschäftsstelle
In der Schweiz 9, 72636 Frickenhausen
Fon: 0 55 65 / 13 64 (Martina Severitt)
E-Mail: BV@initiative-regenbogen.de

Weitere Informationen im Internet:
http://www.initiative-regenbogen.de

4. Monat

13.–16. Woche

Empfinden – Wahrnehmen

Mein Körper verändert sich

Die anderen sehen es sicher noch nicht, aber die schwangere Frau selbst sieht die Veränderungen ihres Körpers inzwischen schon deutlich: Die Taille verschwindet, die Brüste werden größer und schwerer, die Brustwarzen und die Vorhöfe werden dunkel. Wer sich lange auf eine Schwangerschaft gefreut hat, wird wahrscheinlich froh sein, dass nicht mehr nur das Ultraschallbild die Schwangerschaft „beweist".
Wer eher Schwierigkeiten hat, die Schwangerschaft zu akzeptieren, kann sich vielleicht auch schlechter mit diesen äußerlich sichtbaren Merkmalen der Schwangerschaft anfreunden.
Unabhängig von den je individuellen Empfindungen, die diese Veränderung auslöst, stellt dies den Beginn einer langen Reihe von körperlichen Veränderungen dar, die sich über die ganze Schwangerschaft hinzieht. Dieser Veränderungsprozess geschieht jeder Schwangeren, und auf seine wesentlichen Merkmale hat sie keinen Einfluss. Wie viel sie zunehmen wird, ob sie Wasser in den Beinen haben wird, ob ihr Brustumfang weniger oder mehr wächst, hat sie nicht in der Hand. Die Schwangerschaft ist also weit mehr als eine Vorbereitungszeit für ein werdendes Baby; schon mit der Schwangerschaft verändert sich das Leben, zuerst und vor allem das der Mutter. Sie betritt einen neuen Lebens-Weg, von dem sie nicht genau weiß, wohin er sie führen wird. Sie spürt aber, dass sie diesen Weg nicht mehr allein beeinflusst, dass das Kind mehr und mehr seine eigenen Impulse, seinen Charakter in das gemeinsame Leben einbringen wird. Als Zeichen dafür können die körperlichen Veränderungen stehen, von denen frau auch nicht weiß, wohin sie sich entwickeln werden.
Der Körper verändert sich sehr langsam, und das ist gut so. So kann die Schwangere die körperlichen Veränderungen wahrnehmen und sich viel Zeit lassen, um mit ihren Gefühlen „nachzukommen".

Piero della Francesca: Madonna del parto, 1467

Ein neues Selbstbewusstsein weiblicher Kraft

Schwangere, die diese beginnenden Veränderungen akzeptieren oder sogar schön finden können, entdecken durch sie ein ganz neues Selbstbewusstsein als Frauen: Ich habe als Frau die Fähigkeit, ein Kind auszutragen, Leben in mir wachsen zu lassen, Leben zu schenken. Ich gehöre bald in den Kreis der Mütter. Unabhängig davon, wie das eigene Mutterbild ist (siehe Kapitel 9. Monat/33. bis 36. Woche), kann die Fähigkeit zur Mutterschaft als Geschenk wahrgenommen werden, als eine Gabe, die intensiv mit dem Leben selbst verbunden ist, die einer Schwangeren einen wichtigen Platz im Schöpfungsgeschehen einräumt.

Viele Kulturen haben das gewusst und wissen es heute noch, während in unserer Kultur die Bedeutung der Mutterschaft auf einem Tiefpunkt angelangt ist. Gründe dafür mögen nachvollziehbar sein: So hat die Kirche im Bild Marias die Mutterschaft überhöht und Frauen auf ihre Rolle als Mutter eingeengt. Die Ideologie der Nationalsozialisten benutzte Mütter für ihre Zwecke und belohnte deshalb Mutterschaft mit Prämien und Mutterkreuz. Heute pflegen wir im Gegensatz dazu einen Körperkult, der dem Ideal von schlanken und makellosen Körpern huldigt.

Diese Fixierung auf Idealmaße, wie sie nur bei ganz wenigen Frauen vorkommen, lässt viele Frauen ihren eigenen Körper hässlich finden. Viele Frauen erleben die Schwangerschaft daher als eine „legitime" Möglichkeit, dicker zu sein als die Mode-Models. Im Weiteren können die Veränderungen, die mit der Schwangerschaft verbunden sind, den Blick auf den Körper erneuern: weg von den äußerlichen Gegebenheiten hin zu den Fähigkeiten. Dieser Körper kann neuem Leben Raum und Nahrung geben. Anzeichen für ein solches verändertes Selbstbewusstsein wahrzunehmen und zu fördern, kann eine lohnende Aufgabe für die Schwangerschaft sein.

Wir meinen, wichtiger als eine Unterhaltung über eine neue Wunderdiät ist ein Austausch darüber, wie wir als Mütter dieses Selbstbewusstsein weiblicher Kraft aufbauen und ausstrahlen können.

Mein Körper gehört mir nicht mehr

Ein solches Selbstbewusstsein aufzubauen, wird der Schwangeren von ihrer Umgebung häufig nicht leicht gemacht: Je mehr Menschen von der Schwangerschaft wissen, desto mehr Hinweise, Tipps und Mahnungen bekommt eine Schwangere zu hören, gefragt und ungefragt. Alle meinen zu wissen, was gut für die Mutter und – vor allem – für das Kind ist, was frau tun und – vor allem – was sie lassen soll, was gesund und – vor allem – was ungesund ist, wem dieses und jenes Verhalten schon schlecht bekommen ist. Wer auf die Frage „Wie geht's euch beiden?" eher ungehalten reagiert, wird schneller in die Ecke „schwangerschaftsbedingte Hormonschwankun-gen" gestellt, als dass jemand sich Gedanken darüber macht, ob der kleine Scherz wirklich so originell war.

Wichtig scheint uns, die Gestaltung der Schwangerschaft – soweit es gesundheitlich möglich ist – selbst in der Hand zu behalten: Die Schwangere bestimmt, ob sie weiterhin joggt, ob sie noch in den Urlaub fliegt, ob sie manchmal ein Glas Sekt trinkt, in eine laute Kneipe oder ein Live-Konzert geht, ob sie einer sehr anstrengen-den Arbeit weiterhin nachkommt, ob sie mit ihren anderen Kindern im Schwimmbad rumtobt ... aber auch: ob sie abends lieber um sieben schlafen geht, ob sie nicht mehr mit ins Erlebnisbad geht, das Reiten für eine Weile aufgibt, ob sie zur Zeit eine bestimm-te Art von Sex nicht möchte, ob sie Raucher bittet, auf dem Balkon zu rauchen.

Für manche Frauen spitzt sich das Gefühl, nicht mehr über ihren eigenen Körper und über ihre Wünsche bestimmen zu dürfen, bei den Vorsorge-Untersuchungen zu: In der ärztlichen Routine wird manchmal gar nicht erklärt, wozu eine Untersuchung nötig ist. Medizinische Maßnahmen werden nicht immer begründet, und manche Schwangere erlebt sich ausschließlich als Hülle oder Brutkasten für ein optimal zu versorgendes und zu förderndes Baby.

Schwangere, denen es so geht, können überlegen, ob sie beim richtigen Arzt oder bei der richtigen Ärztin sind. Die Schwangerschaft dauert noch lange; es stehen noch ei-nige Untersuchungen an, und nicht zuletzt sollte frau gut überlegen, ob sie sich in kritischen oder zugespitzten Situationen in dieser Praxis wohl fühlen kann. Es gibt sehr unterschiedliche Meinungen darüber, was in einer Schwangerschaft wichtig ist, wie und wo die Entbindung stattfinden sollte, was Mutter und Kind nach der Geburt brauchen. Es ist insgesamt befriedigender, schöner und für das eigene Sicherheitsge-fühl beruhigender, sich in einer Praxis untersuchen und beraten zu lassen, die auf der eigenen Linie liegt. Dort ist es auch am ehesten möglich, eigene Gedanken und Vor-stellungen zu korrigieren, wenn sie nicht mit den medizinischen Möglichkeiten in Einklang zu bringen sind.

Was ziehe ich an?

Es kann jetzt schwierig werden, passende Kleidung zu finden. Wer bisher engere Kleider getragen hat, kann diese nun nicht mehr anziehen. Ob aber Umstandsklei-dung, die jetzt schon passt, bis zum Ende der Schwangerschaft ausreichen wird, ist auch nicht sicher. Obwohl dies jetzt nur ein Zwischenstadium ist, kann sich die An-schaffung etwas weiterer und flexibler Kleidungsstücke lohnen, da auch direkt nach der Geburt enge Kleidung in der normalen Konfektionsgröße meist nicht passt.

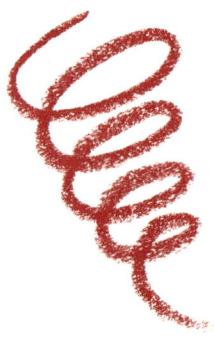

Ausdrücken – Vertiefen

Monatstisch

Auf den Monatstisch passen in diesem Monat verschiedene Elemente.

• Zum einen die Aufmerksamkeiten, mit denen Verwandte, Freundinnen und Freunde ihre Freude über die Schwangerschaft zum Ausdruck bringen.

• Zum anderen kann der Tisch Raum bieten für ein Zeichen, das daran denken hilft, dass es die eigene Schwangerschaft ist, die jede nach ihren Bedürfnissen gestaltet. Eine Möglichkeit könnte ein eigenes Foto sein; es markiert: Ich bin diejenige, ohne die es nicht geht, und deshalb bin ich auch diejenige, die maßgeblich bestimmt. Ich löse mich nicht auf, nur weil ich schwanger bin.

Eine andere Möglichkeit ist eine Verabredung, die frau schriftlich mit sich selbst trifft und auf den Monatstisch legt: „Ich bestimme meine Schwangerschaft, ich frage nach, was ich nicht verstehe, ich suche mir Fachleute, die mich unterstützen, ohne mich zu bevormunden." Die Vereinbarung enthält die Punkte, an denen die eigene Selbstbestimmung gestützt werden sollen.

Übungen

Ich pflege meinen Bauch und mich

Das Verschwinden der Taille ist der Anfang des „Bäuchleins". Viele Frauen fürchten Schwangerschaftsstreifen und möchten sie gern verhindern. Ein garantiert erfolgreiches Verfahren gibt es nicht; von vielen Hebammen und Frauenärztinnen wird jedoch regelmäßiges Einreiben mit einer sehr fetthaltigen Creme oder einem Öl empfohlen. „Geheimtipps" haben Hebammen oder Leiterinnen von Geburtsvorbereitungskursen. Wer den Bauch pflegen will, kann das mit der folgenden Übung verbinden:

Ich suche mir eine Zeit, in der ich zehn Minuten ungestört bin und einen warmen Ort, an dem ich mich wohl fühle. Ich mache den Bauch frei oder ziehe mich ganz aus. Nichts soll mehr „klemmen" oder einengen.
Zu einer ruhigen Musik reibe ich meinen Bauch mit einem wohlriechenden Körperöl ein.

Ich streichele meinen Bauch,
ich streichele mich und mein Kind.
Ich spüre meinen Bewegungen nach.
Ich nehme mir Zeit dazu.
Ich spüre meinen Veränderungen nach.
Ein bisschen bin ich traurig, dass die Taille weg ist.
Ich spüre aber auch den Stolz über die Wichtigkeit meines Bauches:
Dieses Kind kann nur in mir und durch mich wachsen.
Ich nehme teil an der Schöpfungsarbeit.
Ich lebe nicht nur, ich schenke Leben.
Leben ist ständige Veränderung.
Dafür ist der Bauch mir Zeichen.
Ich streichele ihn,
ich streichele mich und mein Kind.

Marlies Mittler-Holzem

Für dieses Kind bin ich die Fachfrau

Im Krankenhaus entbinden oder zu Hause?
Mit PDA oder ohne?
Stillen oder Flasche?
Plastikwindeln oder Stoff?
Schreien lassen oder hingehen?
Schnell wieder arbeiten oder lange zu Hause bleiben?
Gläschen-Kost oder selbst Gekochtes?

Das sind nicht einfach unterschiedliche Möglichkeiten –
das sind ganze Glaubensgebäude,
daran hängen Glück und Unglück des Kindes und der Familie.

Dafür bist du doch zuständig als Mutter, sagt mein Gewissen
(auch das aus der Werbung bestens bekannt).

Heute wende ich meinen Blick
weg von den Empfehlungen
hin zu den Kindern.
Ich setze mich auf den Spielplatz
oder stelle mich an einen Kindergarten-Zaun:
Ich sehe mir die Kinder an und stelle mir vor,
wie verschieden sie von ihren Eltern
gewickelt, gewaschen, ernährt, erzogen, behandelt werden.
In ihren Gesichtern finde ich nichts davon.
Ich sehe: Es gibt verschiedene Möglichkeiten, groß zu werden.
Ich suche diejenige, die am besten zu mir und zu uns passt.
Ich hole mir Rat, wenn ich ihn brauche.
Und ich weiß jetzt: Für dieses Kind bin ich die Fachfrau!

Marlies Mittler-Holzem

Ich „sammle" Reaktionen

Ich nehme mir eine halbe Stunde Zeit und bedenke die Reaktionen, die meine
Schwangerschaft bei anderen hervorgerufen hat.
Wer hat sich gefreut?
Wer hat eher verhalten reagiert?
Hat sich jemand deutlich negativ geäußert?
Ich versuche, den Widerhall zu mir selbst zu finden:
Womit habe ich überhaupt nicht gerechnet?
Was hat mich geärgert?
Was hat mich überrascht?
Was hat mich angerührt?
Ich stelle mir vor:
Die negativen Reaktionen sind Steine, die auf meinem Acker liegen.
Ich räume sie beiseite und baue damit am Rand des Ackers eine Mauer. Die positiven
Reaktionen sind kleine Sämlinge, die gedeihen können, seit die Steine am Rand lie-
gen und den Acker schützen. Das, was mir gut tut, kann nun aufgehen und wachsen.
Ich freue mich daran.

Rituale

Meditation: Eine Achillesferse – so groß wie mein ganzer Körper

Manchmal habe ich einfach Angst.
Ich habe Angst, dass das Kind nicht gesund ist.
Ich habe Angst vor der Geburt.
Ich habe Angst, dass es vielleicht ein schweres Leben hat.
Ich habe Angst, dass es keine Freunde findet.
Ich habe Angst, dass dieses Kind stirbt – vor mir.
Ich habe Angst, dass es mich irgendwann verlässt.
Ich habe Angst, dass diese Aufgabe zu groß für mich ist.
Es macht mich verletzlich, dieses Kind.
Ich lasse mich auf ein Wagnis ein, dessen Ausgang ich nicht festlegen kann.
Davor habe ich Angst – manchmal.

Gebete und Lieder

Gott,
offenbar bin ich die Einzige, die sich über das Kind freut.
Dass der Vater nicht dazu steht, weiß ich ja schon länger.
Meine Freundinnen finden auch, dass ich das Kind nicht bekommen muss.
Und meine Eltern sagen: So etwas muss doch heute nicht mehr passieren.
Dass alle zuerst komisch gucken würden, damit habe ich gerechnet.
Aber dass jetzt niemand hilft,
dass niemand sagt: Du schaffst das schon,
dass sich niemand freut,
das trifft mich hart.
Gott, so allein war ich noch nie.

Marlies Mittler-Holzem

Für jeden Tag

Ruach, Geisthauch Gottes
du setzt alles in Bewegung.
In mir wächst neues Leben.
Es nimmt mich mehr und mehr in Besitz -
äußerlich und innerlich.
Das Leben nimmt mich in die Hand.

Und ich?
Ich stimme ein in diese große Lebens-Bewegung.
Marlies Mittler-Holzem

Anknüpfen –
sich wiederfinden

Zuversicht in unsicheren Zeiten - Psalm 91 nachempfunden

Unter dem Schutz Gottes wohnt
und im Schatten Gottes ruht, die sagen kann:
meine Zuflucht und meine Burg bist du,
mein Gott, ich vertraue auf dich.

Ja, Gott rettet dich aus allem Verderben
wie die Vogelmutter ihr Junges aus den Krallen der Katze.
Du kannst dich in Gott verkriechen
wie ein Kind in den Schoß seiner Mutter.
Wie ein fest gebautes Haus beschützt dich Gottes Treue.
Du brauchst die bedrohlichen Bilder der Nacht nicht zu fürchten,
und nicht Menschen, die dir übel wollen,
den Krebs nicht, der sich unbemerkt ausbreitet,
keine körperliche oder seelische Krankheit.
Selbst wenn Krieg ausbricht
und die Menschen sich gegenseitig vernichten;
du wirst daran nicht zugrunde gehen.
Denn Gott ist deine Zuflucht,
du hast dir Gott als Schutz erwählt.
Dir begegnet kein Unheil,
kein Unglück erreicht dein Haus.
Denn Gott befiehlt den Engeln,
dich zu behüten auf all deinen Wegen.
Sie tragen dich auf ihren Händen,
damit dein Fuß nicht an einen Stein stößt;

du gehst sicher in gefährlichem Gelände,
findest Halt auf bröckelnden Steinen.
Du erfährst Gottes Zusage:
„Weil sie an mir hängt, rette ich sie;
ich schütze sie, weil sie meinen Namen kennt.
Wenn sie zu mir ruft, will ich sie erhören.
Ich bin bei ihr in der Not,
ich befreie sie und richte sie wieder auf.
Mit langem Leben sättige ich sie
und lasse sie sehen meine Rettung."
Marlies Mittler-Holzem

Gott – ein Beistand mit Superman-Qualitäten? Und der Mensch unverwundbar wie Siegfried? Schön wär's ja. Aber leider zeigen die Erfahrungen, dass wohl niemand davonkommt ohne Schmerz, Krankheit, Leid oder Bedrohung. Auch nicht die „Frommen". Vermutlich war das schon zur Abfassungszeit des Textes so, dass auch ein „guter Draht" zu Gott nicht vor Krankheit, Krieg und Katastrophen schützte.
Einen Sinn könnte der Psalm machen, wenn er als „Anleitung zur Zuversicht" gelesen wird. Diese „Anleitung" enthält drei Schritte, die allerdings nicht einfach nur nachgelesen werden können. Der Psalm lädt ein, sie meditierend nachzuvollziehen.

1. Gott braucht Vorschuss! Es muss eine Erwartung an Gott geben: dass es Gott überhaupt gibt und dass Gott etwas bewirken kann. „Mein Gott, ich vertraue auf dich." Dieser Wille, Gott anzuerkennen und zu vertrauen, ermöglicht den zweiten Schritt.
2. Es gibt Erfahrungen von Bewahrung, hinter denen Gott stecken könnte. Bewahrung heißt nicht, von Unheil verschont zu bleiben oder dass alles nach Plan läuft. Bewahrung heißt, im Unheil, im Leid, in der Not nicht aufzugehen. Vielleicht dadurch, dass jemand unerwartet hilft, oder dadurch, dass sich nach einiger Zeit eine neue Perspektive ergibt – oder auch nur dadurch, dass Gott sich anklagen lässt und auf die Würde und das Heil-Sein eines Menschen verklagen lässt.
3. Wer die Erfahrungen von Bewahrung mit Gott in Verbindung bringen kann – und nicht nur mit einem zufällig gütigen Schicksal –, versteht die Quintessenz der Gottesbotschaft: Gott ist nicht irgendwo hoch oben, desinteressiert am Schicksal der Menschen. Gott ist nahe und geht mit jedem Menschen seinen Lebens-Weg.

Was hat der Psalm mit Schwangerschaft zu tun? Mit der Schwangerschaft beginnt ein Weg auf unbekanntes Gelände. Der Weg ist neu für die Schwangere, für das Kind, für den Partner, für die Familie. Der Psalm bietet die Möglichkeit, Gefährdungen und Ängste zu benennen und die Hoffnung auszudrücken, auf diesem Weg nicht allein zu gehen.

Es gibt Momente, in denen die Verantwortung für das werdende Leben zu groß erscheint und die eigenen Möglichkeiten, es zu beschützen und zu versorgen, zu klein. Der Psalm lädt ein, darauf zu vertrauen, dass dem Kind Engel beigesellt sind, die es auf Händen tragen. Nicht naiv: „Es hat einen Schutzschild, ihm kann nichts passieren", sondern glaubend: „Was auch immer geschieht, Gott ist bei meinem Kind".

Bewegen – Besprechen

Ich/wir erzählen es anderen

Den Kreis auszuweiten, der von der Schwangerschaft und dem Baby erfährt, ist eine spannende Angelegenheit. Viele Frauen oder Paare überlegen eine „Inszenierung" und spielen die Reaktionen durch, vor allem bei den so wichtigen und meist auch nahen Menschen wie den werdenden Großeltern, den eigenen Geschwistern sowie guten Freundinnen und Freunden. Bei diesen Menschen im nahen Umfeld liegt frau mit ihren Vermutungen über die Reaktionen meistens richtig. Eine solche Inszenierung bietet allen, deren Leben durch die Geburt des Kindes berührt wird, eine Möglichkeit, diese Veränderung aufzunehmen, den eigenen Vorstellungen Raum zu geben, Unterstützung zuzusagen, sich mitzufreuen. Schön, wenn aus der geplanten Inszenierung ein kleines, spontanes „Fest" wird!

„Seit wir es wussten, haben wir überlegt und geplant, wie wir es den „Großeltern" verkünden. Wir haben uns dann zum Kaffee eingeladen. In einem guten Moment haben wir von unserem Baby erzählt und ihnen das erste Ultraschallbild gezeigt. Die Freude war riesig, die „Großeltern" gerührt, erst sprachlos und dann überschwänglich. Dieses Wesen, das es noch gar nicht gibt, erobert die ganze Familie im Sturm."
(Felizitas Anders, 3 Kinder)

Auch negative Reaktionen lassen sich relativ leicht vorhersagen, wenn die Umstände der Schwangerschaft nicht dem Ideal einer „heilen", „normalen" Familie entsprechen.

Hier kann es für den Selbstschutz wichtig sein, vorher den „schlimmsten Fall" zu überlegen und sich dafür Möglichkeiten zurechtzulegen. Dabei helfen Fragen wie:

• Was lasse ich an Reaktionen zu, und was verbitte ich mir?
• Wo bekomme ich Unterstützung, wenn ich sie hier nicht bekomme?
• Welche Möglichkeiten kann ich meinem Gegenüber einrichten, erst einmal in Ruhe mit der Situation zurechtzukommen?

„Wo ich von meiner Schwangerschaft erzählt habe, bin ich auf Begeisterung gestoßen. Die meisten wussten, dass wir uns schon so lange ein Kind wünschen und freuen sich riesig mit uns. Ich bin richtig stolz und glücklich."
(Barbara Dohmen, 1 Kind)

„Irgendwann musste ich es ja meinen Eltern sagen. Ich bin allein gegangen. Trotzdem war die Reaktion noch viel schlimmer, als wir es uns vorgestellt hatten. Sie tobten und verlangten, dass Anne das Kind abtreibt. Sie hätte mich reingelegt, meinten meine Eltern, ich solle an meine Zukunft denken, mein ganzes Leben wäre versaut – Vater werden, direkt nach der Schule. Gott sei Dank, sagten sie, wäre es heute ja nicht mehr nötig, ein ungewolltes Kind zu bekommen. Daran, dass ich es nicht wollte, zweifelten sie keinen Moment. Sie haben Druck gemacht und mir angedroht, jede Unterstützung zu entziehen, wenn ich mich nicht durchsetze, dass das Kind abgetrieben wird."
(Dominik Martens, 2 Kinder)

Das vielleicht Befremdlichste ist, dass relativ unbekannte Menschen – meist ungefragt – Stellung nehmen zu dieser Schwangerschaft, die sie überhaupt nicht betreffen wird. Das kann passieren, wenn eine Schwangere von ihrer Schwangerschaft erzählt, und noch unmittelbarer, wenn die Schwangerschaft zu sehen ist und Menschen im Vorübergehen dazu einen Kommentar abgeben. Wer beim ersten Mal die passende Antwort schuldig bleibt, kann überlegen, wie sie in Zukunft damit umgehen will. Möglichkeiten gibt es genug: von Ignorieren über Humor und Ironie bis hin zu einem deutlichen Satz, der dem Gegenüber klar macht, dass dieses Verhalten jenseits von Anstand und Höflichkeit liegt.

71

Häufig offenbaren die Reaktionen viel über das Gegenüber und dessen Meinung zum Thema Schwangerschaft, Kinder, Familie. Nur wenige Menschen interessieren sich zuerst dafür, wie die Schwangere ihre Schwangerschaft beurteilt. Die das tun, die die vorhandenen Gefühle ernst nehmen und behutsam mit ihnen umgehen, können die Schwangere unterstützen, ihren Weg durch die Schwangerschaft und für ein Leben mit dem Kind zu finden.

„Zwischen der zweiten und der dritten Schwangerschaft war nur ein kurzer Abstand. Wenn ich davon erzählt habe, dass wir ein drittes Kind bekommen, zeigten viele Mienen Mitleid und Bestürzung. Einige, die ich nur vom Sehen kannte, fragten: „Ist das ein Wunschkind?", oder: „War das geplant?"
(Felizitas Anders, 3 Kinder)

Ist mein Kind gesund? – Pränatale Diagnostik

Die Frage „Ist mein Kind gesund?" begleitet die meisten Eltern durch die gesamte Schwangerschaft, wenn auch unterschiedlich intensiv. Mal ist sie ganz groß, mal eher im Hintergrund, um sich aber bei der kleinsten Unregelmäßigkeit sofort wieder ganz nach vorn zu schieben. Wir merken deutlich: Hier geht es um etwas sehr Wesentliches (vielleicht um das Wichtigste überhaupt), aber wir haben es letztlich nicht in der Hand.

Unabhängig davon, ob das „Projekt" Schwangerschaft mit einem gesunden Kind endet, bleibt die Lebens-Gefahr lebenslänglich. Wer sich darauf einlässt, ein Kind zu lieben, bleibt mit der Gefährdung dieses Lebens konfrontiert und muss sich eingestehen, dass zwar vieles machbar ist, dass Krankheit, Beeinträchtigung, Leid und Tod sich aber nicht nach unseren Plänen richten. Wer mit Kindern lebt, muss die eigenen Glücksvorstellungen und Erwartungen korrigieren können.

Die Medizin hat in den letzten Jahrzehnten gerade auch im Bereich der Säuglingsheilkunde riesige Fortschritte gemacht: Frühgeborene haben immer bessere Überlebenschancen, Herzschwächen können teilweise schon im Mutterleib behandelt werden, Blutgruppenunverträglichkeit gehört zur Geburtsroutine. Aber auch das geschieht: Eine klinisch tote Mutter bleibt an Geräten versorgt, bis ihr Kind lebensfähig ist und durch Kaiserschnitt entbunden werden kann, Babys mit einer zu erwartenden Behinderung werden abgetrieben, Frühgeborene mit schwersten Behinderungen werden mit allen Mitteln am Leben gehalten.

Die Medizin hat Leid gelindert oder gar beseitigt und auf einer anderen Ebene Leiden geschaffen, die es bisher nicht gab.

Noch etwas ist neu: Immer häufiger müssen Angehörige entscheiden, wie mit Krankheit, mit Leid, mit Behinderung medizinisch verfahren werden soll. In diesem Spannungsfeld liegt die Pränataldiagnostik, also vorgeburtliche Untersuchungen, die eventuelle Krankheiten oder Behinderungen des Kindes schon im Mutterleib erkennen können: Es sind dies vor allem die Fruchtwasseruntersuchung (wird allen über 35-Jährigen angeboten) zwischen der 14. und 16. Schwangerschaftswoche und der Triple-Test nach der 16. Woche.

Einige der in diesen Tests erkennbaren Krankheiten sind heil- oder linderbar, andere nicht. Im Zusammenhang mit den nicht heilbaren Krankheiten oder Behinderungen taucht dann das Wort Abtreibung auf, obwohl eine zu erwartende Behinderung in Deutschland rechtlich kein Grund für eine straffreie Abtreibung ist. Nur eine zu befürchtende schwerwiegende körperliche oder seelische Gefährdung der Gesundheit der Mutter ermöglicht laut Gesetz eine straffreie Abtreibung auch nach der zwölften Schwangerschaftswoche (nach der alle oben genannten Tests liegen).

Dennoch muss, wer den Weg einer speziellen Untersuchung beschreitet, wissen, dass am Ende die Frage nach einer Abtreibung stehen kann. Frauen, die ein behindertes Kind abgetrieben haben, beschreiben es als einen entscheidenden Unterschied, von dieser Behinderung nichts zu wissen oder sich für ein behindertes Kind entscheiden zu müssen.

Ein Patentrezept gibt es nicht

Jede Frau oder jedes Paar muss selbst entscheiden, in welchem Maß sie oder es die Vorsorgemöglichkeiten ausschöpft. Eine Möglichkeit ist, alles zu nutzen, was es gibt. Wenn alle Untersuchungen gut verlaufen, erhöht das wahrscheinlich das Sicherheitsgefühl.

Eine andere Möglichkeit ist, dem Arzt oder der Ärztin bei einer Vorsorge zu sagen, dass alles getan werden soll, was dem Kind nützt, dass aber keine Ergebnisse vorgelegt werden sollen, die die Schwangere in eine Entscheidungssituation für oder gegen eine Abtreibung bringen könnte. Eine solche Vereinbarung kann schriftlich getroffen werden, um eine nachträgliche Haftung von Ärztin oder Arzt unmöglich zu machen.

Eine dritte Möglichkeit ist, von vornherein bestimmte Untersuchungen (Fruchtwasseruntersuchung, Ultraschall in der Mitte der Schwangerschaft, Triple-Test) abzulehnen. Was ein krankes oder behindertes Kind an geburtshilflichen Maßnahmen braucht, ist auch auf dem letzten Ultraschall zu sehen.

Bei diesem Fragenkomplex erweist sich, ob die Schwangere die ihr gemäße Praxis gefunden hat. Dort kann sie ihre Fragen stellen (auch viele), dort kann ihre Unsicherheit zur Sprache kommen, dort gibt es Verständnis und Unterstützung für ihren Weg.

Psycho-soziale Beratungsstellen

Es ist wenig bekannt, dass Frauen oder Paaren, die ein krankes oder behindertes Kind erwarten, spezielle psycho-soziale Beratungen zur Verfügung stehen. Schwangere, die in einer Untersuchung mitgeteilt bekommen, dass ihr Kind mit hoher Wahrscheinlichkeit krank oder behindert sein wird, sollten von dieser Form der Begleitung und Unterstützung in ihrer schwierigen Situation Gebrauch machen. Nicht in Panik, nicht in Zeitdruck und nicht allein zu sein in dieser Situation, ist das Angebot der Beratungsstellen.

Adressen und Weiterführendes:
- *Eine spezielle psycho-soziale Beratung führen alle Schwangeren-Beratungsstellen durch (Adressen siehe 2. Monat, 5. bis 8. Woche, S. 38-39)*
- *Broschüre: Schwanger sein – ein Risiko? Informationen und Entscheidungshilfen zur vorgeburtlichen Diagnostik; zu bestellen bei:*
  verlag selbstbestimmtes leben
  c/o Bundesverband für Körper- und Mehrfachbehinderte
  Brehmstr. 5-7
  40239 Düsseldorf
  0211/64 00 40
  Kosten: 5,- DM in Briefmarken
- *www.nakos.de (Homepage der Nationalen Kontakt- und Informationsstelle zur Anregung und Unterstützung von Selbsthilfegruppen e.V.): Adressen von Selbsthilfegruppen zu verschiedenen Erkrankungen und Behinderungen*
- *Down-Syndrom:*
  Deutsches Down-Syndrom InfoCenter
  Hammerhöhe 3
  91207 Lauf an der Pegnitz
  Fon: 09123 / 98 21 21
  Internet: http://www.ds-infocenter.de
- *Spina bifida*
  Arbeitsgemeinschaft Spina bifida und Hydrocephalus e.V. (AsbH)
  Fon: 0231 / 861 05 00
  Internet: http://www.asbh.de

5. Monat

17.–20. Woche

Empfinden –
Wahrnehmen

Frau und Mann kann es sehen

Im 5. Monat ist die Zeit der Übelkeit bei den meisten Schwangeren endgültig vorbei. Jetzt können die werdenden Mütter ihren Zustand richtig genießen. Zum körperlichen Wohlbefinden kommt eine neue Wirklichkeitsstufe der Schwangerschaft hinzu. Wie zum Beweis rundet sich der Bauch. Tatsächlich, jetzt sieht frau es mit dem bloßen Auge: Ich bin schwanger.

Auch für den Partner ist dieser Einschnitt hilfreich und wichtig. Jetzt kann er auf unmittelbarere Weise an der Schwangerschaft Anteil nehmen. Er muss nicht mehr einen Bauch streicheln und sich denken, was sich dahinter verbirgt, sondern jetzt kann er es sehen und fühlen, und es beginnt auch für ihn eine spürbar spannende Zeit.

Frau und Mann müssen immer wieder gucken, ob sich schon etwas verändert hat. Sie können zusehen, wie es einfach so geschieht und sie „nichts dagegen machen können". Wir laden alle Schwangeren dazu ein, ausführliche Selbstbetrachtungen vor dem Spiegel durchzuführen und sich von allen Seiten zu bewundern. Im Gesicht, am Bauch, am ganzen Körper werden Schwangere immer schöner – schließlich tragen sie den Glanz der ganzen Schöpfung in sich.

Endlich kann die Schwangerschaftskleidung angezogen oder gekauft und ausprobiert werden. Natürlich müssen die meisten Frauen diesbezüglich aufs Geld gucken. Es macht keinen Sinn, für die wenigen Monate lauter neue und teure Sachen zu kaufen, die frau wenige Wochen nach der Geburt nicht mehr anziehen und auch nicht mehr sehen kann. Trotzdem: Ein bisschen Luxus muss sein. Neben den gebrauchten Dingen, die frau sich von Freundinnen und Verwandten ausleiht, und den Erwerbungen aus dem Second-Hand-

> „Ich stellte mich schräg vor den Spiegel und legte meine Hände auf den Bauch – so konnte ich den Bauch sehen und fühlen. Am schönsten war dieses Gefühl ohne Kleidung."
> (Annette Ries, 3 Kinder)

> „Nicht nur mein Bauch bekam andere Formen, auch mein Gesicht wurde runder, weicher, glatter. Ich genoss es, in den Spiegel zu sehen. Ich fand mich richtig schön."
> (Annette Ries, 3 Kinder)

Shop können wenige ausgewählte Stücke neu sein. Die machen einfach mehr Spaß und helfen, dass sich die Schwangere rundum wohl fühlt und gefällt. Gerade beim zweiten oder dritten Kind, wenn frau oft nur in bequemen Sweatshirts und Jogginghosen geht, finden wir es wichtig, sich auch etwas Schönes zu gönnen und öfter etwas Schickes und dennoch Bequemes anzuziehen. Damit zeigen Frauen sich und anderen, dass sie keine „Gebärmaschinen" und „Hausmütterchen" sind, sondern Mitschöpferinnen Gottes, die in ihrer Schönheit und Würde gepriesen werden dürfen und müssen. Eine gute Möglichkeit ist auch, Umstandsmode selbst zu nähen. Das spart Geld und ist leichter als es klingt.

„Die meisten Sachen, die es zu kaufen gibt, waren mir zu kindisch. Mit Bärchen oder so – ich bin doch kein Kind, sondern gerade im Begriff, endgültig eine Frau zu werden. Also habe ich mir einfache Schnitte gekauft und zwei Hosen und einen Rock selber genäht. Auf diese Kleidung war ich besonders stolz."
(Cleo Seidl, 1 Kind)

Das Baby spüren

Viele Schwangere spüren ungefähr in der 20. Woche die ersten Kindsbewegungen. Manche Frauen müssen ein bisschen länger warten, und trotzdem besteht kein Grund zur Unruhe. Auch deren Kinder bewegen sich schon kräftig, aber es ist eben noch nicht zu spüren. Zudem sind Erstschwangere unsicher, ob sie Kindsbewegungen spüren oder ob es „Magenblubbern" ist. Beim zweiten Kind ist das schon anders. Da merken viele Frauen bereits ab der 17. Woche, wenn es ihr Kind im Bauch richtig „doll" treibt.

Die Kindsbewegungen zu spüren, ist etwas Besonderes und macht den 5. Monat zu einem Höhepunkt. Die Schwangere kann mit den Händen fühlen, dass in ihr ein lebendiger Mensch heranwächst. Sie ist auf neue Weise mit dem Geheimnis des Lebens in Berührung. Was vorher nur Theorie war, wird jetzt Erfahrung: Das Leben kommt aus dem Leben. Leben bringt Leben hervor. Leben trägt Leben in sich. Geheimnisvolles Leben entsteht aus dem Geheimnis Leben. An diesem Geheimnis Leben mitzuwirken, an dessen Entstehung beteiligt zu sein, ist eine zutiefst spirituelle Erfahrung für die Schwangere.

„Die ersten Kindsbewegungen fühlten sich an wie kleine Luftblasen, die im Bauch nach oben steigen."
(Heike Manz, 3 Kinder).

Mit-Schwangere suchen

In dieser Zeit werden andere Schwangere besonders wichtig. So wie sich der Bauch nach außen wölbt, beginnen Schwangere sich nach außen zu orientieren. Plötzlich gibt es viele Schwangere, die frau auf der Straße oder im Supermarkt trifft. Manche kennt frau sogar und kann sich in einen Kreis von werdenden Müttern aufgenommen fühlen. Spätestens im 5. Monat teilen Schwangere ihren bald ohnehin unübersehbaren Zustand gern mit und wollen von anderen darauf angesprochen werden. Es beginnt die Zeit der Suche nach Gefährtinnen, nach anderen Schwangeren, mit denen sich frau austauschen kann, nach Freud- und Leidgenossinnen, die mit einer auf dem Weg sind.

Sich auf die Geburt vorbereiten

Im 5. Monat ist es ratsam, sich zu einem Geburtsvorbereitungskurs anzumelden, wenn frau einen machen möchte. Zum einen lernen Frauen oder Paare in Paarkursen Theoretisches und Praktisches über die Geburt, zum anderen lernen sie – und das ist vielleicht noch wichtiger – andere Frauen oder Paare kennen, die in derselben Situation sind, die ähnliche Fragen, Probleme und Glückserfahrungen haben. Über einen Geburtsvorbereitungskurs sind schon viele Freundschaften und Paar-Kontakte entstanden, die weit über die Zeit der Schwangerschaft andauerten. Aber auch wenn dies nicht so ist, wenn frau einfach eine Anlaufstelle und Telefonpartnerin für die Zeit der Schwangerschaft sucht, ist der Geburtsvorbereitungskurs eine gute Gelegenheit, Kontakte herzustellen und sich vor, während und nach dem Kurs auszutauschen.

Hebamme(n) kennen lernen

Der Geburtsvorbereitungskurs wird von einer professionellen Hebamme geleitet, die sich dafür speziell qualifiziert hat. In der Regel bietet die leitende Hebamme auch individuelle Schwangerenberatung, Schwangerenvorsorge und Wochenbettbetreuung an. Alle vier Leistungen werden vollständig von den Krankenkassen erstattet. Einen Säuglingspflegekurs, den viele Hebammen ebenfalls im Programm haben, zahlen viele Krankenkassen auf Anfrage.
Der Geburtsvorbereitungskurs bietet eine gute Möglichkeit, eine Hebamme persönlich kennen zu lernen und zu entscheiden, ob die Schwangere sie auch um weitere Dienstleistungen bitten möchte. Zu einer Hebamme, die eine Schwangere bereits

kennt und der sie vertraut, geht sie leichter in Beratung, wenn sie in Fragen der Ernährung oder bei Beschwerden Hilfe braucht. Genauso ist es bezüglich des Wochenbettes. Wir halten es für wichtig, dass schon ein näherer Kontakt zwischen Hebamme und schwangerer Frau besteht, wenn sie nach Hause kommt und die junge Mutter im Wochenbett betreut. Zu wissen, wer später kommt, und welche Beziehung zu dieser Frau besteht, beruhigt eine werdende Mutter sehr. Dies gilt mindestens genauso für eine mögliche Hausgeburt oder für eine ambulante Geburt im Krankenhaus, bei der frau die eigene Hebamme mitbringen kann.

Umso wichtiger ist es, dass die Schwangere die Entscheidung für oder gegen eine Hebamme bewusst trifft. Die Teilnahme am Geburtsvorbereitungskurs bedeutet nicht automatisch, dass die leitende Hebamme auch die Wochenbettbetreuung übernimmt, selbst wenn die Hebamme damit rechnen sollte. Wenn die Hebamme mein Vertrauen nicht gewinnen kann, sie mir unsympathisch ist oder ich ein komisches Gefühl habe, dann sollte ich es mir eingestehen und für die Wochenbettbetreuung (oder die Hausgeburt oder die ambulante Geburt) eine andere suchen. Das bedeutet ja nicht, dass die Hebamme nicht gut wäre, so ein Urteil steht mir gar nicht zu. Ausschließlich für mich persönlich halte ich sie nicht für geeignet und treffe daher eine andere Wahl.

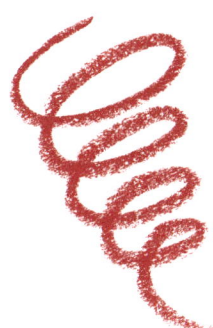

Ausdrücken – Vertiefen

Monatstisch

Im fünften Monat passt zum Beispiel auf den Monatstisch:
- der erste Strampler oder ein anderes erstes Baby-Kleidungsstück, das frau neu gekauft oder wieder hervorgeholt hat
- ein Kuscheltier, mit dem das Baby nach der Geburt beschenkt werden soll
- Vereinbarungen mit dem Partner über wichtige Themen, die die Schwangerschaft oder die Zeit danach betreffen
- eine schöne Schnur als Symbol der Verbindung der Schwangeren mit ihrem Kind oder der ganzen Familie mit dem erwarteten Familienmitglied; die Schnur ist äußeres Zeichen für die innere Nabelschnur

Übungen

Innere Reise zu meinem Kind

Ich lege mich flach auf den Boden
in Rückenlage.
Ich liege einfach da
und spüre meinen Atem,
wie er kommt und geht,
kommt und geht …
Ich gehe jetzt mit meiner Aufmerksamkeit
in meinen Körper,
von außen nach innen,
von den Spitzen zur Mitte,
zu meinem Kind.
Ich beginne bei der rechten Fußspitze,
gehe innerlich in den Fuß,
die Verse, die Wade, das Knie,
den Oberschenkel, das Becken,
bis zu meinem Bauch.
Ich setze die Reise bei der linken Fußspitze fort …
Ich gehe mit meiner Aufmerksamkeit
in die rechten Fingerspitzen,
die Hände, den Unterarm, den Ellenbogen,
den Oberarm, die Schulter, den Brustraum,
bis zu meinem Bauch.
Ich setze die Reise bei den linken Fingerspitzen fort …
Ich gehe mit meiner Aufmerksamkeit
in den Scheitel meines Kopfes,
von dort in den Kopf, den Hals,
den Brustraum,
bis zu meinem Bauch.
Hier lebt und wohnt mein Baby.
Ich besuche es mit meinem inneren Auge.
Ich sehe es eingehüllt in meinen Körper,
gehalten und umfangen,
und doch schon ein eigener Mensch.
Ich begrüße mein Baby und heiße es willkommen,
ich drücke meine Freude aus und meinen Dank.

Ich werde still und höre,
was das Baby mir sagen will.
Ich lächle ihm zu und zeige ihm meine Verehrung:
Schön, dass du da bist,
ich freue mich an dir.

Christiane Bundschuh-Schramm

Ich bin schön

Diese Übung kann auf viele Weisen geschehen. Ihr Inhalt ist immer der Gleiche:
Ich bin schön. Mir geht es gut. Ich bin stolz auf mich und mein Kind.

- Ich betrachte mich ausführlich in einem Spiegel (mit oder ohne Kleidung, je nach Gelegenheit).
- Ich schaue in einem Spiegel mein Gesicht an.
- Ich kleide mich sehr langsam an. Die Kleider streicheln meine Haut und umschmeicheln meinen Körper. Ich genieße, was ich trage und wie ich darin aussehe.
- Ich gönne mir eine Schleckerei, einen Cappuccino im Café oder sonst etwas Gutes zu essen oder zu trinken. Ich genieße das Nahrungsmittel und die Zeit der Muße.
- Ich tanze oder tänzle durch die Wohnung und führe meine Handlung beschwingt und leicht aus.
- Ich massiere meinen Bauch mit einer pflegenden und schützenden Creme.

Partnermassage mit einem Massageball

Gerade in der Schwangerschaft sind Verspannungen im Rücken, im Schulterbereich oder am Hals häufig. Vor allem wenn Mütter zusätzlich noch ihr anderes Kind „herumtragen" müssen, bleiben diese Beschwerden kaum aus. Manchmal ist medizinische Hilfe angesagt, die durch eine kleine Massageübung nicht ersetzt werden kann. Vorbeugend aber und für kleinere Wehwehchen ist eine Partnermassage mit einem Massageball ideal. Die Partnerin setzt sich bequem auf den Boden, der Partner kniet dahinter bzw. macht es sich ebenfalls bequem. Nun beginnt die Massage mit dem Ball, indem der Partner den Ball mal fester, mal sanfter über den Rücken rollt, wobei er im Schulter- und Halsbereich beginnt und sich langsam den Rücken hinunter arbeitet. Die Partnerin darf äußern, welche Körperstellen sie wie lange und auf welche Weise „bedient" haben möchte. Zum Abschluss streicht ihr der Partner mit flachen Händen von oben nach unten über den Rücken. Wenn der Partner diese Massage ebenfalls möchte, werden jetzt die Rollen getauscht.
Natürlich können auch andere Körperteile auf diese Weise massiert werden. Partner und Partnerin können mit der beschriebenen Rückenmassage beginnen und dann nach eigenen Bedürfnissen die Übung ausbauen oder variieren.

Rituale

Gebetsgebärde: Aus der Tiefe

Text:

Aus der Tiefe meiner Sehnsucht
wende ich mich dir zu
und bitte dich um deine Gaben,
von denen ich schon so viele
empfangen habe.

Aus der Tiefe meines Herzens
komme ich zu dir
und bitte dich um deine Gegenwart,
dass sie sich auf mich lege
wie ein Schleier.

Aus der Tiefe meiner Seele
öffne ich mich dir
und bitte dich um deinen Segen
für mich
für mein Kind
und für die ganze Welt.

Bewegung zu jeder Strophe:

Die Gebetsgebärde beginnt mit zu-
sammengelegten Handrücken vor dem
Unterleib. In dieser Haltung werden
die Arme nach oben geführt und zum
Himmel ausgestreckt. Die Handflächen
werden dabei geöffnet, und die Hände
berühren sich an den Fingerkuppen.
Die Berührung der Hände löst sich,
und die Arme werden nach links und
nach rechts geöffnet, bis die Kreuzge-
stalt erreicht ist. Dann werden die
nach oben offenen Handflächen nach
unten gedreht und die Arme zum Körper geführt.

dann:
Wiederholung der Gebärde ohne Text.

Christiane Bundschuh-Schramm

Dankesritual (nach dem Arztbesuch)

Für mich war und ist der Artbesuch/Ärztinbesuch immer eine kleine Hürde. Unsicherheiten und Ängste begleiteten mich. Umso größer waren Freude und Dank, wenn die
Untersuchung positiv verlief und alles in Ordnung war.
Wer es ähnlich geht, die kann ihre Erleichterung und Freude, ihre Entspannung und
ihren Dank ausdrücken:

- Ich setze mich abends an einen ruhigen Platz, zünde eine Kerze an, studiere den Mutterpass und die neuen Ultraschallbilder und lasse den Tag vor meinem inneren Auge Revue passieren. Ich lebe die Gefühle der Erleichterung und der Freude noch einmal nach, indem ich tief ausatme und innerlich und äußerlich lächle. Ich verneige mich vor der Kerze und drücke damit meinen Dank meinem Gott gegenüber aus.
- Die eben beschriebene Handlung kann auch zu zweit mit dem Partner vollzogen werden. Statt des stillen Erinnerns erzählt die Frau dem Mann, wie es ihr beim Arzt/bei der Ärztin erging und wie der gesamte Tag äußerlich und innerlich verlaufen ist.
- Vor Glücksgefühl und Dank hatte ich auch das Bedürfnis, jemand anderem etwas Gutes zu tun. Im Grunde wollte ich Gott ein Opfer darbringen, und da dies in unserer Religion nicht üblich ist, stellvertretend ein „Opfer", ein Geschenk für einen anderen Menschen. Ich habe dieses Geschenk mit viel Freude und innerem Bewusstsein gekauft, ohne dass die Beschenkten erfuhren, warum ich ihnen etwas Gutes tat (z. B. ein T-Shirt für mein Patenkind, Croissants für den Pausenkaffee im Büro).
  Wer nicht weiß, wem sie jetzt etwas schenken könnte, kann tatsächlich eine Kirche aufsuchen und dort etwas in den Opferstock werfen.

In Berührung mit dem Geheimnis des Lebens

Ich suche mir einen ruhigen Ort, lege meine Hände flach auf den (nackten) Bauch und spüre das lebendige Kind in mir. Ich mache mir bewusst, dass ich mit dem Geheimnis des Lebens in Kontakt bin, dass ich es in mir trage und an seiner Entstehung beteiligt bin. Ich genieße die Stille und vielleicht die Bewegungen, die ich jetzt spüren kann. Ich meditiere den folgenden Text:

> In mir ist Leben.
> Leben entsteht aus Leben.
> Leben trägt Leben in sich.
> Leben bringt Leben hervor.
> Geheimnis Leben in mir,
> durch mich,
> und aus mir.
> Gott, ich danke dir
> für dieses große Geschenk.
> Christiane Bundschuh-Schramm

Gebete und Lieder

Gebet für mein Kind

Gott, Mutter allen Lebens,
mein Kind wächst und wird größer,
es nimmt sich den Raum,
den es zum Leben braucht.
Mit kleinen Stößen
macht es sich bemerkbar
und sagt mir, hier bin ich,
neugierig auf die Welt.
Gott, Schöpferin der Welt,
Mutter meines Kindes,
schenke ihm alles,
was es zum Wachsen braucht,
gib ihm das Leben,
das du zu geben hast.
Bewahre mein Kind
vor allem Unglück
und geleite es
durch die Monate des Werdens
in meinem Bauch.
Amen.

Christiane Bundschuh-Schramm

Lass dich ansehen

Lass dich ansehen,
wenn dich am Morgen der Tag begrüßt.
Lass dich ansehen,
wenn dir Menschen begegnen
und du auf Menschen triffst.
Lass dich ansehen,
wenn du deine Orte wechselst
und wenn du an einem Ort verweilst.
Lass dich ansehen,
wenn dir zum Lachen zumute ist
und wenn du lieber heulen würdest.
Lass dich ansehen,

wenn du aufbrichst,
wenn du ankommst
und wenn du dazwischen stehst.
Lass dich ansehen,
so wie du bist
und so wie du noch werden willst.
Lass dich ansehen,
wie eine Frau, die ein neues Kleid vorführt
und bewundert werden will.
Lass dich ansehen,
wie ein Kind, das verletzt worden ist
und Trost sucht.
Lass dich ansehen,
wenn es Abend wird
und du deinen Tag betrachtest.
Lass dich ansehen von Gott und sieh dich an.
Sieh dich doch an, wie schön du bist.
Christiane Bundschuh-Schramm

Mutterschaft

Mein Leib
schwillt an
wie dankbare Erde.
Schon wird mein ebener Bauch
zu einem runden, klopfenden Hügel,
und darin wächst
so geheimnisvoll
in Wasser, Blut und Stille
wie eine sich öffnende Faust das Kind,
das du sätest
in das Innere meiner Fruchtbarkeit.
Giaconda Belli

Lied für mein Kind:
Werde, die/der du bist

Musik: Michael Schramm / Text: Christiane Bundschuh-Schramm

Wer - de, die/der du bist, sei— ein-fach du,
su - che dei - nen Weg, das wün-sche ich dir.

Anknüpfen –
sich wiederfinden

Frauen für Frauen – Hebammen für Schwangere.
Schifra und Pua

Das erste Testament der Bibel erzählt von zwei Gefährtinnen, den beiden Hebammen
Schifra und Pua:

Für eine Volksgruppe in einem fremden Land zu leben, ist heute wie damals eine
schwierige Situation. Fremdenfeindlichkeit, Ausländerhass, Übergriffe bis zu offi-
ziellen Benachteiligungen und Unterdrückungen – die Liste der Repressalien ist lang
und variantenreich. Vor dreitausend Jahren war es nicht anders als heute. Höchstens
die Mittel unterschieden sich. Sie sind heute zum Teil subtiler, aber nicht unbedingt
weniger grausam.
Vor mehr als 3000 Jahren lebte die Volksgruppe der Israeliten in Ägypten. Wie sie da-
hin gekommen ist? Das ist eine lange Geschichte. Es gab und gibt viele Gründe, warum
Menschen in ein fremdes Land gehen – freiwillig oder unfreiwillig, eingeladen oder aus
eigenen Motiven. Zunächst jedenfalls und wie so oft waren die Israeliten in Ägypten

Claudia Nietsch-Ochs, Schifra und Pua

geschätzt und willkommen, anerkannt und gemocht. Politische und wirtschaftliche Veränderungen, so berichtet die Bibel, brachten einen Stimmungsumschwung und machten die israelitische Volksgruppe zu einer unerwünschten Größe. Genauer heißt es, ein neuer König kam an die Macht und mit ihm eine neue politische Richtung. Er machte Stimmung gegen die Israeliten und schürte die Angst der Ägypter, das fremde Volk hätte sich bereits zu sehr vermehrt. Es könnte zu stark werden und gegen Ägypten einen Krieg anzetteln.

Doch ein König allein kann ein Volk nicht umstimmen. Die Abneigung gegen die fremden Israeliten war schon unter den Ägyptern verbreitet, sodass der König sie nutzen konnte. Der Ausländerhass war längst gesät, und die Saat ging auf, sodass der König nur noch zu ernten brauchte. Zunächst wurden die Israeliten Fronvögten unterstellt, um sie durch schwere Arbeit unter Druck zu setzen. Aber als das aus der Sicht der Ägypter nicht half, um der fremden Gefahr Herr zu werden, wurden die Israeliten zu Sklaven gemacht. Man machte ihnen die Arbeit und das Leben zur Hölle. Was versprach man sich davon? Dass die Israeliten freiwillig das Land verließen? Dass die Ägypter wieder besser schlafen konnten, wenn die Kraft der Israeliten in den Bergwerken und auf den Feldern gezähmt oder besser vernichtet wurde?

Doch auch dieser offizielle staatliche Akt der Unterdrückung und Ausbeutung reichte den Ägyptern nicht aus. Die männlichen Nachkommen der Israeliten sollten bei der Geburt sterben, um die Kraft des kleinen Volkes im Keim zu ersticken. Nicht um die Mädchen zu schonen, sollten sie am Leben bleiben, sondern weil sie sowieso nicht zählten. Von ihnen erwartete man keinen Aufstand. Zudem kannten die Männer andere Mittel, Frauen in ihrer Gewalt zu halten.

Doch glücklicherweise kam es zu all dem nicht. Die von der Männerwelt unterschätzten Frauen waren nämlich klüger und raffinierter als der klügste aller Männer, der König, zu träumen wagte. Der König sagte nämlich zu den beiden hebräischen Hebammen, Schifra und Pua, sie sollten bei der Geburt auf das Geschlecht achten, und wenn es ein Junge wäre, sollten sie ihn sterben lassen.

Schifra und Pua aber machten nicht, was der König ihnen auftrug. Wahrscheinlich haben sie keine Sekunde daran gedacht, die Worte des Königs zu befolgen. Schließlich war es ihre Herzensaufgabe, Jungen und Mädchen zum Leben zu verhelfen und all ihr professionelles Können einzusetzen, damit Kind und Mutter gesund blieben und einen guten gemeinsamen Start haben konnten. Die beiden Hebammen übten ihren Beruf in großer Ehrfurcht vor dem Leben und vor dem aus, der alles Leben ermöglicht und schenkt. Niemals hätten sie ihre Identität, Lebensengel zu sein, gegen die Rolle von Todesengeln eingetauscht. So wurden weiterhin viele kleine israelitische Buben und Mädchen zur Freude ihrer Mütter und Väter geboren.

Die beiden Hebammen mussten nur überlegen, mit welcher List sie den König hinters Licht führen konnten, damit sie weiterhin ihren lebensfördernden Beruf ausüben konnten. Die beiden Hebammen sagten zum König, dass sie erst nach der Geburt in die Häuser der Wöchnerinnen kämen und sie so keine Möglichkeit hatten, im Sinne des Königs zu handeln. Der König muss diese Geschichte den beiden Hebammen abgenommen haben, denn die Bibel erzählt, dass Gott den Hebammen zu Glück verhalf. Ja, Gott selbst muss so glücklich über ihre listige Aktion gewesen sein, dass er auch den beiden Hebammen Schifra und Pua Kindersegen schenkte. Auch Schifra und Pua durften erleben, dass sie nicht nur anderer Frauen Kindern auf die Welt verhelfen, sondern auch eigenen Kindern das Leben schenken durften.

(Sie finden diese Erzählung in der Bibel im Buch Exodus, Kapitel 1, Verse 8-21.)

Impulse zum Weiterdenken

- Ich stelle mir Schifra und Pua leibhaftig vor:
  Wie sehen meine Schifra und Pua aus? Was ist ihnen wichtig? Warum handeln sie so? Was möchte ich von ihnen lernen?
- Ich wünsche mir auch solche Schifras und Puas:
  Ich überlege, welche Frauen und Männer mir in meiner Schwangerschaft hilfreiche Gefährtinnen und Gefährten sein können, denen das Wohl meines Kindes und mein Wohlergehen am Herzen liegt:
  Welche Freundin kommt in Frage, mit der ich mich über Freuden und Sorgen austauschen kann, die ich um Rat fragen kann, weil sie Erfahrungen mit Schwangerschaft und Geburt hat?
  Welcher Freund kann mir ein Partner sein, weil er mir zuhört und mich versteht? Gibt es Verwandte, die ich mir als Schwangerschaftsgefährtinnen oder –gefährten aussuche? Meine Mutter? Meine Schwester? ...
- Ich brauche auch eine Schifra oder Pua:
  Ich denke darüber nach, wie meine professionelle Gefährtin, meine Wunsch-Hebamme aussehen soll, wie ich sie mir vorstelle und was ich mir von ihr wünsche. Dann erkundige ich mich nach Hebammenpraxen und höre mich bei anderen Schwangeren oder Müttern um, wo sie gute Erfahrungen gemacht haben und welche Hebamme sie weiterempfehlen können.
- Mit Schifra und Pua als Gefährtinnen im Hintergrund überlege ich:
  Gibt es in meinem Leben auch „ägyptische Könige", die über meine Schwangerschaft verfügen wollen und besser als ich wissen wollen, was für mein Kind gut ist? Die Mutter beispielsweise, die mir ständig sagt, was ich zu tun und zu lassen habe? („Das solltest du aber nicht tun!", „Dann musst du aber deinen Beruf aufge-

ben!", „Das kannst du deinem Mann aber nicht zumuten!") Oder der Ehemann, der etwa die zu treffenden Entscheidungen als seine alleinige Aufgabe ansieht? Wenn es solche „ägyptischen Könige" bei mir gibt – und sie sind keine Seltenheit – dann kann ich folgende Schritte versuchen:

- Ich nehme es wahr und tue es um des Friedens willen nicht leichtfertig ab. Ich nehme wahr, wie es mir damit geht.
- Ich grenze mich ab. Ich überlege mir, mit welchen klaren Worten ich auf derartige Übergriffe reagieren will, z. B.: „Danke, Mutter, für deinen Rat, aber (in diesem Fall) weiß ich, was für mich und mein Kind gut ist. Wenn ich deinen Rat brauche, frage ich dich."
- Wenn solche klaren Grenzziehungen nichts helfen, sage ich offen, wie diese gut gemeinten Ratschläge bei mir ankommen, wie ich sie empfinde.
- Ich suche mir meine eigenen Gefährtinnen, mit denen ich meine Fragen besprechen will.

Bewegen – Besprechen

Wenn das Kind da ist – erste Lebensplanungen

Unserer Erfahrung nach machen sich schwangere Frauen von Anfang an Gedanken, wie sich das gemeinsame Leben mit dem Kind (bzw. mit dem zweiten oder einem weiteren Kind) verändern wird, welche Möglichkeiten der Lebensplanung gegeben sind und welche Entscheidungen wie zu treffen sind. Nach einer Zeit des inneren Bewegens und Überlegens müssen diese Fragen in der Partnerschaft offen überlegt und diskutiert werden. Wir wollen alle Schwangeren ermutigen, schon zum jetzigen Zeitpunkt die offenen Fragen anzusprechen und mit dem Partner ausführlich und öfter zu beraten. Frau sollte alle Fragen der späteren Lebensplanung und -gestaltung nicht als ihre allein zu bewältigende Aufgabe ansehen, sondern beide sind von Anfang an und auch in Zukunft verantwortlich, das Leben mit dem Kind zu gestalten. Vielleicht gibt es eine unbewusste Versuchung der Männer, diese Fragen zu

Heinrich Campendonk, Mutter und Kind in bayerischer Landschaft

vertagen, weil dann die Wahrscheinlichkeit steigt, dass die Frauen den hauptsäch-
lichen Part übernehmen werden und die Veränderungen allein tragen. Aber so leicht
kommen die Männer heute nicht mehr davon. Es ist heute nicht mehr selbstverständlich, dass alle Veränderungen durch das Kind oder durch Kinder auf Kosten der
Frau gehen, dass sie den Erziehungsurlaub (jetzt: Elternzeit) nimmt, dass sie den Beruf aufgibt, dass sie alternative Regelungen überlegt, dass sie die Verantwortung für
andere Lösungen trägt.

Auch wenn nur 1,5 % der deutschen Männer Elternzeit nehmen, zeigt die Zahl doch,
dass es nicht mehr zu 100 % die Frauen sind. Das Thema der Versorgung der kleinen
Kinder und die Frage der Verantwortung sind endgültig „auf dem Tisch" und können
von keinem Mann und von keinem Arbeitgeber mehr übergangen werden.

Die Bundesregierung hat zum 1. Januar 2001 die Gesetzeslage dahingehend verbes-
sert, dass Männern die stärkere Beteiligung an der Kindererziehung schmackhaft gemacht werden soll: Mutter und Vater haben für ab dem 1. Januar 2001 geborene
Kinder in Betrieben mit über 15 Beschäftigten das Recht auf Teilzeitarbeit während
der Elternzeit mit einer wöchentlichen Erwerbsarbeitszeit von 15 bis zu 30 Stunden.

Gespräche über diese Fragen können nicht nebenbei geführt werden. Die werdenden
Eltern brauchen dafür Zeit und auch die richtigen Nerven. Beide sollten sich auf das
gemeinsame Gespräch vorbereiten, indem beide überlegen, was sie sich vorstellen,
was sie einbringen wollen und was sie vom anderen erwarten oder wünschen.

Auch wenn es ungewohnt sein mag, vereinbaren Sie einen gemeinsamen Gesprächs-
termin – nicht allzu weit entfernt, aber auch nicht so schnell, dass keine Zeit mehr
zur Vorbereitung bleibt.

Wir wollen Ihnen für die persönlichen Überlegungen und für das gemeinsame Gespräch folgende Anregungen geben, ohne zu „ägyptischen Königinnen" (vgl. *Anknüpfen – Sich wiederfinden* in diesem Monat) zu werden. Sie allein bzw. Sie beide allein
treffen die notwendigen Entscheidungen!

Anregungen für die persönlichen Gedanken:

- Bestimmt haben Sie schon davon geträumt, wie Sie sich die ersten Jahre mit dem
  Kind vorstellen und wünschen. Geben Sie diesen Ihren Tagträumen freien Lauf und
  träumen Sie alles so, wie Sie es am liebsten hätten.
- Natürlich sind Träume nicht 1 : 1 in die Wirklichkeit übertragbar. Das wissen Sie
  selbst. Aber gewinnen Sie so ein klares Bild davon, wie Ihr Leben aussehen sollte,
  damit Sie zufrieden und selbstbestimmt leben können. Jetzt kommt es darauf an,
  dass dieses Traumbild realistische Farben erhält.
- Damit das Traumbild zu einem Wirklichkeitsbild werden kann, bedarf es der Wahr-
  nehmung von realen Fakten und der Information über rechtliche und wirtschaftli-

che Bedingungen. Dazu gehören z. B. die persönliche Einkommenssituation und die des Partners, die gesamte finanzielle Lage der Familie, das Bundes- und Landeserziehungsgeld, die rechtlichen Bestimmungen zur Elternzeit.

- Jetzt heißt es, die verschiedenen Alternativen nebeneinander zu legen und jeweils pro und contra abzuwägen, bis Sie ein Wirklichkeitsbild entworfen haben, das in Ihren Augen die beste Lösung wäre.

Bitte überlegen Sie auch, welche Alternativen Sie akzeptieren könnten und zu welchen Kompromissen Sie bereit wären.

Anregungen für das gemeinsame Gespräch:

- Voraussetzung des gemeinsamen Gesprächs ist die Vorbereitung beider Partner. Der Konflikt wäre vorprogrammiert, wenn eine Person viel überlegt hätte und eine Wunschlösung präsentieren könnte und die andere blank dastünde.
- Zu Beginn des Gesprächs ist es sinnvoll, Ziel, Dauer und Regeln (z. B.: Wir lassen einander ausreden, wir unterbrechen einander nicht, wir begrenzen die jeweilige Redezeit) abzusprechen.
- Dann hat jede Person Zeit, ihre Überlegungen zu präsentieren. Anschließend können die beiden auf das Gehörte reagieren.
An dieser Stelle empfiehlt sich eine Entspannungspause, damit sich das, was gesprochen wurde, setzen kann. Erst nach der Pause versuchen die beiden, auf eine gemeinsame Lösung hinzuarbeiten.
- Egal, ob schon eine Lösung gefunden wurde oder noch mehrere Möglichkeiten im Raum stehen, eine endgültige Entscheidung sollte nach einem ersten Gespräch und zu diesem Zeitpunkt nicht getroffen werden. Mindestens ein weiteres Gespräch sollte verabredet werden, um das Ergebnis festzulegen.

Wer sich über die rechtliche und finanzielle Seite informieren möchte, kann beim Bundesministerium für Familie, Senioren, Frauen und Jugend Informationsbroschüren bestellen oder direkt per Internet Informationen zum Mutterschutz, zum Erziehungsgeld und zur Elternzeit abrufen:

Internetadresse für Informationen und zum Bezug von Informationsbroschüren: http://www.bmfsfj.de

Bundesministerium für Familie, Senioren, Frauen und Jugend
Taubenstr. 42/43 und Glinkastr. 18-24
10117 Berlin
Fon: 0 30 / 2 06 55-0
Fax: 0 30 / 2 06 55-11 45
E-Mail: info@bmfsfj.bund.de

Sie können ein Publikationsverzeichnis anfordern und dann die für Sie wichtigen Publikationen bestellen. Ein Teil der wichtigsten Publikationen zu Mutterschutz, Erziehungsgeld und Elternzeit liegt auch in öffentlichen Ämtern (Stadtverwaltung, Städtische Bibliotheken) aus.

Ich bekomme das Kind allein *(Iris Müller-Nowack)*

Die Schwangerschaft

Da jede Frau einmalig ist, ist auch die jeweilige Lebenssituation, durch die eine Frau zur allein erziehenden Mutter wird, einmalig. Was von außen betrachtet ähnlich scheint, wird emotional von jeder Frau anders wahrgenommen. Zwei kurze Berichte zeigen, wie unterschiedlich die Wege sein können, um ein Kind allein zu bekommen.

„Eigentlich wollten mein langjähriger Partner und ich immer mal Kinder haben. Er wollte sogar mindestens vier. Dann wurde ich schwanger. Ich war mir sicher, er freut sich. Mein Partner freute sich nicht, er tobte: Was das jetzt solle. Ein Kind zu diesem Zeitpunkt wäre nicht drin. Ob das Kind überhaupt von ihm sei, bezweifle er. Wenn ich mit ihm zusammenbleiben wolle, wäre es das Beste, das Kind abzutreiben."

Eine scheinbar ganz andere Situation:
„Meine Karriere entwickelte sich gerade ganz gut, als ich ihn kennen lernte. Es war nichts Ernstes. Wir hatten eine kurze und heftige Affäre. Natürlich haben wir verhütet, aber irgendwie ist es dennoch passiert. Er wollte kein Kind und ich wollte kein Kind mit ihm. Es war der falsche Zeitpunkt, es war der falsche Mann, aber ich war schon über 30 Jahre und hatte mir eigentlich vorgestellt, einmal Mutter zu werden. Sollte ich dieses Kind abtreiben? Würde ich noch einmal schwanger werden? Wann wäre denn der richtige Zeitpunkt für ein Kind in meinem Leben? – Ich habe dieses Kind bekommen."

Für diese beiden Frauen sowie für alle Frauen, die sich entscheiden, ihr Kind allein zu bekommen, beginnen damit erst die vielen existenziellen Fragen:
- Wovon werden wir leben?
- Wo können wir wohnen?
- Werden meine Freunde und Freundinnen und die eigenen Eltern uns helfen, oder werden sie sich abwenden? Finde ich weitere Hilfe?
- Wird mein Kind gesund sein?
- Wie kann ich das alles schaffen?

Einige allein erziehende Mütter fassen ihre ersten Gedanken und Gefühle in Worte:

„Als sich auch noch meine Eltern von mir abgewendet haben, lag ich nächtelang wach. Wer ist jetzt noch für mich da? Diese Frage blieb lange ohne Antwort. Da wollte ich das Kind abtreiben. Dann wurde ich trotzig und beschloss, es alleine zu schaffen,

gerade weil mich alle im Stich gelassen hatten. Kurz darauf meldete sich eine alte Freundin, die mich fortan unterstützt hat. Das war ein unerhofftes Geschenk."

„Am schwersten war mir, dass mein Traum zerstört war: der Traum von der heilen Familie, in der sich alle lieben. Da fragte ich mich, was ich falsch gemacht habe. Diese Beziehung aufrecht zu erhalten, wäre ein zu großes Opfer gewesen. Das ist noch immer ein großer Schmerz."

„Alleine ein Kind zu bekommen, war für mich der soziale Abstieg. Ich war zuvor finanziell unabhängig. Jetzt hatte ich das Gefühl, es würden mir alle Fäden aus den Händen gleiten. Inzwischen habe ich mein Leben wieder im Griff. Es überwiegen für mich die schönen Momente mit meinem Kind."

Frauen, die ohne Partner ihre Schwangerschaft durchleben, wünschen sich Menschen, die zuhören und auch einmal praktisch mit anpacken. Schön ist, sich gemeinsam über die ersten Bewegungen des Kindes zu freuen. Eine Hilfe ist es, Sprudelkisten und Babybett nicht allein schleppen zu müssen.

Gerade wenn sich das Leben radikal verändert, wenn Lebensentwürfe zerbrechen, haben viele Frauen erfahren, wie gut es tut, mit dem Ungeborenen zu sprechen. Sie erzählen ihren Kindern von ihrem Kummer und von dem Wunsch nach einer guten Zukunft. Nicht selten antwortet das Kind. Das Zwiegespräch endet mit den Worten: „Wir schaffen es!"

Die Geburt

Sie müssen (sich) nicht beweisen, dass Sie stark genug sind, Ihr Kind allein zur Welt zu bringen! Über die Geburt und ihre Abläufe hört frau von anderen Müttern jede Menge gute und auch schwere und ängstigende Geschichten. Natürlich erhofft sich jede werdende Mutter eine leichte und schöne Geburt. Viele Frauen beschreiben die Geburt ihres Kindes auch als eine der schönsten Erfahrungen in ihrem Leben. Dennoch kann alles anders sein. Es tut daher gut, während der Geburt nicht allein zu sein. Es tut gut, einen Menschen zu haben, der Mut macht, einfach nur die Hand hält und eventuell notwendige Entscheidungen mitfällt. Viele Frauen bitten ihre Schwester, die beste Freundin oder die eigene Mutter um Begleitung. Auch die Hebamme, die frau schon vom Geburtsvorbereitungskurs kennt, kann Hilfe sein.

Wenn noch Kontakt zum Vater des Kindes besteht und es der werdenden Mutter recht ist, kann es eine gute Entscheidung sein, ihn bei der Geburt dabei zu haben. Immerhin wird auch sein Kind geboren.

Die erste Zeit mit dem Kind

Wenn das Kind geboren ist, sind die meisten Frauen von einem Gefühl der Erleichterung erfüllt. Auf einer Welle des Glücks (eventuell nach überwundenen Depressionen im Wochenbett) gleitet frau in die Baby-Flitterwochen. Dennoch fällt das „Mutter-Sein" nicht vom Himmel. Es braucht Zeit, sich in dieser neuen Rolle zurechtzufinden und die Signale des Neugeborenen richtig zu deuten. Manchmal bieten die eigenen Eltern oder eine liebe Freundin in diesen ersten Wochen ihre Unterstützung an. Eine solche Hilfe darf frau einfach annehmen. Kommt frau nicht in den Genuss solcher Fürsorge, raten viele allein Erziehende, die Zeit, in der das Kind schläft, nicht zum Aufräumen oder Putzen zu verwenden. Viele Mütter ruhen sich aus, schlafen oder tun sich etwas anderes Gutes.

Oft klärt sich in dieser ersten Zeit, welche Rolle der Vater im Leben von Mutter und Kind einnehmen wird. Auch jetzt sind die einzelnen Situationen und die Gefühle sehr unterschiedlich. Vielleicht ist frau froh, vom Vater des Kindes nichts mehr zu hören. Vielleicht erschwert er das Leben, indem er die Vaterschaft leugnet oder die Unterhaltszahlungen verzögert. Möglicherweise aber besucht der Vater sein Kind regelmäßig und beginnt, in seine Vaterrolle hineinzuwachsen. Eine Mutter erzählt:

„Der Vater meines Kindes hatte mir so viel angetan, dass ich mit ihm nie mehr etwas zu tun haben wollte. Daher sollte er auch sein Kind nicht sehen dürfen. Dann habe ich gemerkt, dass er trotz allem der Vater dieses Kindes ist und mein Kind ein Recht auf seinen Vater hat. Ich wollte meinem Kind seinen Vater nicht mehr vorenthalten. Selbst wenn dieser Mann als Partner für mich eine große Enttäuschung war, könnte er meinem und seinem Kind nicht doch ein brauchbarer Vater werden?"

Eine solche Haltung nimmt das Kind aus dem Konfliktfeld der Eltern heraus und ermöglicht dem kleinen Menschen, Vater und Mutter lieben zu dürfen. Dieses Kind wird mit der Situation, dass die Eltern sich nicht genug lieben, um miteinander zu leben, besser umgehen können.

Hilfreich für die Mütter sind Kontakte zu anderen allein Erziehenden: um sich austauschen zu können, um sich gegenseitig zu stärken, um Verständnis zu finden bei Frauen in gleicher Situation, um praktische Tipps zu erhalten (wo gibt es günstige Kinderkleidung, wofür erhalten allein Erziehende Ermäßigungen, ...), um sich gegenseitig mal die Kinder abzunehmen, um gemeinsam das Wochenende zu verbringen. Mut machen können die Worte einer Frau, deren Tochter bereits in den Kindergarten geht:

„Nachdem sich geklärt hatte, wo wir wohnen und von was wir leben werden, ist es mir viel besser gegangen. Als dann die Sache mit dem Vater meiner Tochter ausgestanden war, habe ich angefangen, das Leben mit meinem Kind richtig zu genießen. Die erste Zeit kommt nie wieder und sie ist ein wertvoller Schatz, den wir miteinander haben."

(Iris Müller-Nowack ist Theologin und Gestalttherapeutin, seit vielen Jahren in der Alleinerziehendenarbeit tätig – Kursleitung und psychosoziale Beratung)

Unterstützung/Kontaktadressen für allein Erziehende

Hilfe erhalten allein Erziehende (leider nur) in Baden Württemberg durch das Programm „Mutter und Kind". Das Programm bietet finanzielle Unterstützung sowie Begleitung durch Beratungs- und Gruppenangebote. Es ermöglicht allein Erziehenden, die ersten drei Jahre im Leben des Kindes ganz da zu sein. Informationen: im jeweiligen Landratsamt.

Arbeitsgemeinschaft für allein erziehende Mütter und Väter (agae)
im Diakonischen Werk der Evangelischen Kirche in Deutschland
Stafflenbergstr. 76
D-70184 Stuttgart
Fon: 07 11 / 21 59-2 80
Fax: 07 11 / 21 59-2 88

Bundesverband allein erziehender Mütter und Väter (VAMV) e.V.
Beethovenallee 7
53173 Bonn
Fon: 02 28 / 35 29 95
Fax: 02 28 / 35 83 50
Beratungshotline: 01 90 / 89 89 29 (Mo-Fr 9-14 Uhr)
E-Mail: vamv-bv@netcologne.de
Internet: http://www.vamv-bundesverband.de
Beim Bundesverband kann auch die empfehlenswerte Broschüre „Allein erziehend. Tipps und Informationen (2001)" kostenlos bestellt werden.

Hebammenhilfe

Hebammenhilfe umfasst die Beratung und Betreuung während Schwangerschaft, Geburt, Wochenbett und Stillzeit. Sie ist Beratung, Begleitung und Versorgung von Mutter und Kind. Hebammenhilfe kann von jeder schwangeren, gebärenden oder entbundenen Frau in Anspruch genommen werden (vgl. http://www.hebammensuche.de).
Hebammenhilfe bezieht sich auf folgende Bereiche:

Beratung und Information
Schwangerenvorsorge
Betreuung / Hilfe bei Schwangerschaftsbeschwerden und Vorwehen
Geburtsvorbereitung

97

Geburtshilfe
Wochenbettbetreuung
Rückbildungsgymnastik
Zusätzliche Angebote (z.B. Akupunktur, Ernährungsberatung)

Informationen und ein bundesweites Hebammenverzeichnis
finden Sie im Internet unter: http://www.hebammensuche.de
oder beim:
Bund Deutscher Hebammen
Gartenstraße 26
76133 Karlsruhe
Fon: 07 21 / 9 81 89-0
Fax: 07 21 / 9 81 89-20
E-Mail: info@bdh.de

Internetadresse: http://www.bdh.de

In der Praxis des Frauenarztes/der Frauenärztin liegen in der Regel Verzeichnisse oder Werbebroschüren der
ortsansässigen Hebammen aus.

6. Monat

21.–24. Woche

Empfinden –
Wahrnehmen

Mit dem Anbruch der 21. Woche ist die Halbzeit der Schwangerschaft erreicht. Die mit dieser Tatsache verbundenen Gefühle können allerdings sehr unterschiedlich sein: Wer bisher eine ganz unkomplizierte Schwangerschaft hatte, wird vielleicht eher erstaunt sein: „Was – schon die Hälfte vorbei?" War die erste Zeit eher beschwerlich, tröstet es vielleicht, die Hälfte schon geschafft zu haben.

Der Ausdruck „Halbzeit" mag den Eindruck erwecken, es ginge – ähnlich wie im Sport – um zwei gleiche Hälften, um Vergleichbarkeit dieser beiden Teile. In diesem Sinn trifft der Begriff nicht zu. Das Innehalten in der Mitte der Schwangerschaft markiert vielmehr einen Wechsel. Vorbei ist die Zeit des Gewöhnens an die Schwangerschaft; die Geburt und das Leben mit dem Kind rücken in den Vordergrund. Die vielen Möglichkeiten verdichten sich jetzt nach und nach zu konkreten Entscheidungen:

Wo und wie soll das Kind zur Welt kommen?

Wie richten wir dem Kind einen schönen Platz in der Wohnung ein?

Welche Namen kommen in die engere Wahl?

Welche Dinge werden noch gebraucht?

Wie teilen wir die Erziehungszeit ein?

Alle diese Fragen begleiten die gesamte Schwangerschaft und sind sicher schon immer mal bedacht und besprochen worden. In manchen Punkten mag eine Entscheidung „gereift" sein; in anderen Punkten muss sie jetzt herbeigeführt werden, müssen unterschiedliche Wünsche der Partner in einen Kompromiss überführt werden. Auch innere Widersprüche müssen irgendwann aufgehoben werden. Die zweite Halbzeit bietet dafür ausreichend Gelegenheit.

Alle können es sehen

Zu dieser stärkeren Orientierung hin zum Leben mit dem Kind passt, dass der Bauch jetzt deutlich sichtbar wird. Die Schwangerschaft lässt sich nicht mehr verstecken. Auch das kann gemischte Gefühle auslösen vom Stolz bis zur Scham und zum Ärger über all die ungefragten Ratschläge und Bevormundungen, die damit einsetzen.

Viele Frauen genießen das Rund- und Üppig-Werden. Sie sind stolz auf ihren Bauch und auf ihre Fähigkeit, ein Kind auszutragen. Sie können es genießen, im Mittelpunkt von Sorge und Aufmerksamkeit lieber Menschen zu stehen.
Schwangere, die in einer eher schwierigen Situation sind, kommen durch das Sichtbarwerden der Schwangerschaft eventuell noch einmal stärker unter Druck. Jetzt wissen es nicht nur wenige Vertraute, sondern jetzt sehen es auch diejenigen, die schlecht reden werden. Das kann sehr unsicher und verletzlich machen.

„Als mein Bauch sichtbar wurde, gaben mir Frauen, die bereits Mutter waren, das Gefühl: ‚Du gehörst jetzt zu uns! Wir verstehen dich! Wir können uns in deine Situation hineinversetzen.' Ich fühlte mich richtig gut dabei."
(Heike Manz, 3 Kinder)

Ungeahnte Kräfte haben

Viele Frauen fühlen sich um den 6. Monat herum bärenstark. Die Müdigkeit vom Anfang ist gewichen, auch hartnäckige Formen von Übelkeit haben sich gelegt, der Bauch ist genau richtig – die besten Voraussetzungen für ein „rundum" positives Selbstbild.
Diese Zeit mit ihrem guten Grundgefühl kann frau vielfältig nutzen. Größere Projekte (Wohnung umräumen, Kinderbett streichen...) lassen sich jetzt besser erledigen als in der Müdigkeitsphase des Anfangs oder später in der beschwerlichen Zeit. Vielleicht ist jetzt auch der Elan da, ein lange aufgeschobenes Problem zu besprechen und zu lösen. Es ist auch eine gute Zeit, in Urlaub zu fahren oder noch einmal ein Wochenende oder eine Woche ohne die größeren Kinder nur mit dem Partner zu verbringen.
Es lohnt sich aber auch, diesem überschwänglichen Selbst-Gefühl Raum zu lassen. Jeder Spiegel kann darauf aufmerksam machen, jedes Kompliment daran erinnern, die eigene Sinnlichkeit darauf hinweisen: Ich bin schwanger, mir geht es gut, ich sehe toll aus und habe Power.

„Als ich mit unserem dritten Kind im sechsten Monat war, bin ich auf einer Euphorie-Welle geschwommen. Obwohl mein Mann zu dieser Zeit im Ausland war, hatte ich das Gefühl, alles gut schaffen zu können. In der Woche habe ich gearbeitet, an jedem Wochenende habe ich was unternommen; es konnte gar nicht zu viel sein. Und gleichzeitig hatte ich immer dieses tolle Gefühl, wie gut ich alles hinkriege. Das hat mir einen richtigen Selbstbewusstseinsschub gegeben."
(Felizitas Anders, 3 Kinder)

Müssen Schwangere immer glücklich sein?

In den letzten Jahren wird verstärkt darauf hingewiesen, wie eng die Verbindung zwischen den Gefühlen der Mutter und dem leiblichen und seelischen Wohlbefinden des Babys ist. Eine positive und ausgeglichene Grundstimmung der Mutter fördert die Gesundheit und die seelische Entwicklung des Kindes. Viele Schwangere freuen sich – von Anfang an oder nach der ersten Überraschung – sehr über die Schwangerschaft, auf das Kind und auf die neuen Erfahrungen, die mit dem Mutter-Werden verbunden sind. Verläuft dann auch noch die Schwangerschaft ohne größere Beeinträchtigungen, ist für diese Schwangeren eine positive Grundhaltung meistens einfach da.

Positive Empfindungen der Schwangerschaft und dem Kind gegenüber können jedoch nicht eingefordert werden als etwas, dass die Schwangere erbringen muss, damit es dem Kind gut geht. Eine Frau, die schon eine Fehlgeburt hatte, wird in der nächsten Schwangerschaft ängstlicher und vorsichtiger sein als in der ersten. Eine Schwangere, die von ihrem Partner allein gelassen wurde, darf traurig, verzweifelt, wütend sein. Eine Mutter von drei kleinen Kindern darf häufig erschöpft und genervt sein. Eine Frau, deren Arbeitsplatz durch die Schwangerschaft in Gefahr gerät, darf gestresst sein. Wenn der Mann gerade arbeitslos geworden ist, darf die Schwangere besorgt und niedergeschlagen sein.

Es ist nicht hilfreich, solche Gefühle zu verdrängen oder zu verschweigen. Wer auch negative Gefühle oder starke Gefühlsschwankungen leben und mitteilen darf, wird am ehesten bei sich selbst oder mit Hilfe von anderen Menschen Möglichkeiten entdecken, die eigene Situation zu verbessern.

Die Bedingungen (Gesundheit, Familien- und Wohnsituation, Finanzen, psychische Belastbarkeit) für eine Schwangerschaft sind nicht immer optimal. Es ist wichtig für die Schwangere und ihre Umgebung, das anzuerkennen. Sonst kommt zu den bestehenden Belastungen eine weitere hinzu: das schlechte Gewissen.

Ausdrücken – Vertiefen

Monatstisch

Auf den Monatstisch passt ein Gegenstand, der aus zwei Hälften besteht, zum Beispiel eine Muschel.

Betrachtung zu den zwei Hälften der Muschel
Die Halbzeit ist erreicht.
Ich nehme die Hälfte, die für die erste, vergangene Zeit der Schwangerschaft steht.
Indem ich sie betrachte, halte ich Rückschau:
Wann wusste ich, dass ich schwanger bin?
Welche Gefühle, welche Empfindungen stellten sich ein?
Wann und wie habe ich meinem Partner davon erzählt?
Wie waren seine Gefühle?
Wem habe ich von der Schwangerschaft erzählt – und wie waren die Reaktionen?
Was erinnere ich von der ersten Vorsorge-Untersuchung?
Das erste Ultraschall-Bild: Ich schaue es mir noch einmal genau an.
Wie ging es mir – anfangs und in den letzten Wochen?
Ich bedenke und betrachte die körperlichen Veränderungen, die bis jetzt eingetreten sind.
Ich halte die Gedanken und Gefühle, die jetzt gekommen sind, fest.
Die erste Hälfte der Schwangerschaft ist vorbei: In mir hat sich viel verändert. Die Halbzeit ist erreicht. Die erste Hälfte abgeschlossen.
Ich lege die Muschelhälfte geschlossen zurück auf den Monatstisch.
Jetzt nehme ich mir die zweite Hälfte der Muschel in die Hand. Sie steht dafür, dass nun das Leben mit dem Kind stärker in den Vordergrund rückt:
Wie wird dieses Kind aussehen, wie wird es sein?
Es gibt viele schöne Namen. Ich (bzw. wir) habe auch schon einige herausgesucht.
Aber welcher passt zu diesem Kind, das wir noch nicht kennen?

Welche Geburtsform passt zu mir und meinem Gesundheitszustand?
Wo wird das Kind einen Platz in der Wohnung haben?
Was muss dafür noch organisiert werden?
Viele offene Fragen.
Einige werden sich in den nächsten Wochen klären,
andere bleiben offen bis zur Geburt.
Ich lege die zweite Muschelhälfte offen auf den Monatstisch.
Ich wünsche mir die Tatkraft, die nötigen Dinge anzugehen, und die Gelassenheit,
auf das Unverfügbare warten zu können.

Marlies Mittler-Holzem

Übungen

Partnerübung: Zärtliche Zeit zu dritt – oder: Platz für das Wunder

Die Kindsbewegungen sind immer besser zu spüren und – egal wie das Kind liegt – irgendein Körperteil liegt nun immer an der Bauchwand.
Jetzt wird es Zeit für regelmäßige Spiel- und Streichelzeiten:
Vielleicht gibt es eine Zeit, in der das Ungeborene regelmäßig aktiv ist und in der Sie sich beide Zeit nehmen können. Fünf Minuten reichen.
Suchen Sie sich einen gemütlichen und warmen Platz und machen Sie es sich dort bequem.
Versuchen Sie jetzt gemeinsam, mit Ihrem Kind Kontakt aufzunehmen, indem Sie über den Bauch streicheln: Versuchen Sie herauszufinden, wo der Rücken und der Po des Kindes liegen, und kreisen Sie dort etwas fester. Vielleicht können Sie einen Gegendruck Ihres Kindes spüren. Wenn Sie einen Fuß ertasten können, versuchen Sie dasselbe.
Manchmal weicht das Ungeborene aus, manchmal schmiegt es sich an.
Wenn Sie sich regelmäßig zur gleichen Zeit zum „Zärteln" zusammenfinden, wird Ihr Kind immer deutlicher „mitspielen".
Dass das Kind „antwortet", ist eine sehr innige Erfahrung, die aufmerksam machen kann für das Wunder des werdenden Lebens: Dieses Kind lebt im Bauch der Mutter nicht nur passiv vor sich hin. Es macht Erfahrungen, indem es seine Sinne benutzt, und es nimmt schon jetzt Kontakt auf zu den Menschen um es herum. Es vermittelt eine Ahnung, dass Leben etwas Großes und Unfassbares ist.
Natürlich ist es auch möglich, werdende Geschwister mit einzubeziehen. Ihre Zärtlichkeits-Zeit bekommt dadurch einen anderen Charakter. Sie werden sich wohl weniger auf das Ungeborene konzentrieren können. Dafür wächst bei den Kindern die Freude auf das Baby und das familiäre Zusammengehörigkeitsgefühl.

Pablo Picasso, Mann, Frau und Kind (Selbstbildnis), 1906

Wo bleibt eigentlich meine Zeit?

Wer Sorge hat, nach der Geburt alle Aufgaben bewältigen zu können, kann mit einem „Zeitkuchen" der eigenen Zeitgestaltung auf die Spur kommen:

Malen Sie einen Kreis auf ein leeres Blatt. Das ist die Fülle Ihrer Zeit. Teilen Sie nun Ihre Zeit, wie im Beispiel oben, in „Kuchenstücke", so wie Sie Ihre Zeit verwenden. Wenn Sie beim Anblick Ihres Kuchens zufrieden sind: wunderbar! Wenn Sie aber sehr erstaunt sind, womit Sie Ihre Zeit verbringen, malen Sie einen Wunsch-Zeitkuchen: Füllen Sie einen weiteren Kreis so aus, wie Sie Ihre Zeit gern verbringen möchten. Der Vergleich zeigt, welche Zeitfresser Sie davon abhalten, mehr von dem zu tun, was Sie gern tun möchten.

Die entscheidende Frage ist nun, wie Sie die Dinge eingrenzen können, die Sie mehr Zeit kosten, als Sie dafür einsetzen wollen:

• Können Sie eigene Ansprüche zurückschrauben und dadurch Zeit gewinnen?
• Wo ist es nötig, sich von den Ansprüchen anderer zu lösen, die Sie als ungerechtfertigt empfinden?
• Wie können Sie die anfallende Arbeit in der Familie anders verteilen? Was können größere Kinder übernehmen, was Ihr Partner?
• Gibt es die Möglichkeit, Arbeit an andere Personen abzugeben, entweder gegen Bezahlung oder im Tausch gegen etwas, was Ihre Familie anbieten könnte?

Gebete und Lieder

Glück

Gott, lange habe ich darauf gewartet,
jetzt können es alle sehen:
Ich bin schwanger!
Endlich hat sich mein Bauch gerundet – eindeutig.
Ich laufe stolz durch die Straßen,
jedes Schaufenster beweist es:
Alle können endlich sehen, dass ich schwanger bin.
Ich glaube, Gott, so schön war ich noch nie.
Ich genieße das Rundwerden.
Mir ist, als würde das Kind mir Kraft geben,
die es selbst noch nicht braucht.
Ich fühle mich stark, lebensstrotzend.
Ich werde runder, weiter, üppiger, großzügiger.
Durch mich fließt der Lebensstrom.
Ich trage Leben weiter.
Oh Gott, ich glaube, ich platze vor Glück.

Marlies Mittler-Holzem

Segenslied für das Ungeborene: Keinen Tag soll es geben

Keinen Tag soll es geben,
da du sagen musst:
Niemand ist da, der mir die Hände reicht.
Keinen Tag soll es geben,
da du sagen musst:
Niemand ist da, der mit mir Wege geht.

Und der Friede Gottes,
der höher ist als uns're Vernunft,
der halte uns'ren Verstand wach
und uns're Hoffnung groß
und stärke uns're Liebe.

Keinen Tag soll es geben,
da du sagen musst:
Niemand ist da, der mich mit Kraft erfüllt.

Keinen Tag soll es geben,
da du sagen musst:
Niemand ist da, der mir die Hoffnung stärkt.

Und der Friede Gottes ...

Keinen Tag soll es geben,
da du sagen musst:
Niemand ist da, der mich mit Geist beseelt.
Keinen Tag soll es geben,
da du sagen musst:
Niemand ist da, der mir das Leben schenkt.

Und der Friede Gottes ...
Uwe Seidel

Anknüpfen –
sich wiederfinden

„Da hüpfte das Kind in ihrem Leib"

Gott sei Dank wusste Maria vom Engel, dass auch Elisabeth, ihre entfernt lebende Verwandte, schwanger ist. Also macht sie sich auf den weiten Weg zu Elisabeth. Sie eilt in das Haus und begrüßt Elisabeth. Als Elisabeth, im sechsten Monat schwanger, den Gruß Marias hört, hüpft das Kind in ihrem Leib und – erfüllt vom Heiligen Geist – ruft sie mit lauter Stimme: Gesegnet bist du unter den Frauen, und gesegnet ist die Frucht deines Leibes. Wer bin ich, dass die Mutter meines Herrn zu mir kommt? Als ich deinen Gruß hörte, hüpfte das Kind vor Freude in meinem Leib. Selig die glaubt, dass sich erfüllt, was der Herr ihr sagen ließ."

(Wer den Text genau nachlesen möchte, findet ihn im Lukas-Evangelium, Kapitel 1,39-45)

Pablo Picasso, Die Heimsuchung, 1903

Offenbar haben schon die Menschen in alter Zeit gewusst, dass es eine emotionale Verbindung zwischen der werdenden Mutter und ihrem Kind gibt. Unter Wahrnehmen – Empfinden ging es um den Zusammenhang von den Gefühlen der Mutter und dem Wohlergehen des Kindes. In diesem Text ist es umgekehrt: Es ist das Kind im Bauch, das die Gefühle seiner Mutter – im wahrsten Sinne des Wortes – anstößt. Wohl erst dadurch ist Elisabeth bereit, das Wirken des Heiligen Geistes zu verstehen, sodass sie Maria begrüßen kann als „Mutter des Herrn". Der Heilige Geist – so legt der Text nahe – braucht manchmal ein Kind, um die Erwachsenen offen und empfänglich zu machen für sein Wirken.

Das gilt nicht nur für Zeiten der Schwangerschaft, sondern erst recht auch danach. Kleine Kinder sind offen für spirituelle Erfahrungen, sie haben die Welt noch nicht eingeteilt in „Himmel" und „Erde", in „unmöglich" und „möglich". Ihr Tor zum Himmel ist (noch) offen. Eltern können sich – wie Elisabeth – von ihren Kindern anstecken lassen, mehr wahrzunehmen als das Offensichtliche, weiter zu fragen, als die Antworten reichen, mehr zu staunen als zu erklären.

Der Text kann einladen, auf die „Regungen" des Kindes zu achten. Es führt nämlich schon ein „Eigenleben", tobt herum, wenn frau gern ausruhen möchte oder ist ganz ruhig, wenn die Schwangere sich ein „Lebenszeichen" wünscht.

Vielleicht ist manches davon ein Anstoß des Heiligen Geistes:

- Das Kind schlägt „Purzelbäume" – ich muss lachen und kann Gott danken für dieses werdende Wunder in meinem Bauch.
- Das Kind ist ganz still – auch ich nehme mir eine Auszeit, trage meinen hektischen Tag vor Gott und bitte darum, dass mein Stückwerk, das Unvollkommene, das Angefangene Vollendung findet.

Bewegen –
Besprechen

So wenig Zeit, schwanger zu sein
– Schwangerschaft in turbulenten Zeiten

Wir haben feste Bilder im Kopf von glücklichen Schwangeren, die im Lehnstuhl liegend versonnen ihren Bauch streicheln und dabei Zwiesprache mit dem Kind halten. Die „Umstände" sehen jedoch oft anders aus: Viele Frauen arbeiten in einem anstrengenden, Kräfte zehrenden Beruf, wenn sie schwanger werden. Andere pflegen vielleicht Angehörige oder haben schon kleine Kinder; vielleicht wird gerade ein Haus gebaut, das eine Menge Einsatz fordert. Meistens bestehen die Anforderungen aus der Umgebung fort, ebenso die Vorstellungen, wie das eigene Leben zu gestalten sei, welche Themen verfolgt, welche Schwerpunkte gesetzt, welche Freundschaften gepflegt werden sollten. Dazu kommt jetzt der Wunsch, dem Erlebnis der Schwangerschaft und dem werdenden Menschen Zeit und Raum zu widmen, die Veränderung bewusst zu erleben.

Schon in der Schwangerschaft wird also deutlich, dass zu dem, was bisher zu bewältigen war, etwas Neues hinzukommt. Die Zeit wird neu zu verteilen sein, einige Dinge werden weniger Aufmerksamkeit beanspruchen können, manches vielleicht ganz in den Hintergrund treten. Das Kind und das gemeinsame Leben werden Zeit, anfangs viel Zeit, brauchen. Manchmal wird es Zeit-Konkurrenzen geben.

> „Meine letzte Schwangerschaft konnte ich erst ganz spät genießen: Unsere Wohnung war zu klein, wir brauchten eine neue, wir mussten renovieren, umziehen, ein Auto kaufen. Mein Mann war beruflich in dieser Zeit viel unterwegs; wir hatten schon zwei kleine Kinder, und ich war halbtags berufstätig. Ich weiß noch, dass ich weit nach der „Halbzeit" auf einer langen Autofahrt zum ersten Mal Bewegungen dieses Kindes gespürt habe. Vorher war gar keine Zeit dazu."
> *(Felizitas Anders, 3 Kinder)*

„Wie soll ich das alles bloß schaffen?"
– wenn es nicht das erste Kind ist

Intensive Gedanken machen sich wohl die Frauen, die schon ein oder mehrere Kinder haben. Vor allem, wenn die Kinder noch klein sind und ihre Bedürfnisse schlecht zurückstellen können, wächst mit der Schwangerschaft die Sorge, wie es möglich sein wird, dem neuen Baby und dem Kind oder den Kindern gerecht zu werden.

Das nebenstehende Beispiel ist als Idealfall, der das Sorgen als unbegründet erwies, sicher selten. Aber es zeigt, dass das Ungeborene keine planbare Größe ist. Gut fährt, wer die genaue Planung verschiebt, bis das Kind mit seinen Eigenarten und Vorlieben wirklich da ist.

„Unser erstes Kind, Benjamin, wollte alle zwei Stunden trinken und brauchte sehr lange beim Stillen. Er war noch keine drei, als unsere Tochter geboren wurde. Mit der Schwangerschaft wuchsen meine Sorgen, wie ich Benjamin gerecht werden sollte, wenn die Kleine auch so viel Zeit brauchen würde. Doch sie machte es ganz anders: Sie trank nur alle vier Stunden und war ganz gierig und schnell."
(Felizitas Anders, 3 Kinder)

Für die schon vorhandenen Kinder ist eine Planung allerdings möglich. Vielleicht kann der Partner in der ersten Zeit ein besonderes Augenmerk auf sie haben und Aktivitäten anbieten. Vielleicht sind Großeltern in der Nähe, die sich im Anfang vermehrt um das ältere Kind kümmern können. Wenn das Kind schon einen Freund oder eine Freundin hat, kann es hilfreich sein, einen regelmäßigen „Kindertausch" zu vereinbaren: An einem (halben) Tag sind die Kinder bei der befreundeten Familie, und an einem anderen sind sie zu zweit bei Ihnen und können zusammen spielen. Einen „Kindertausch" einzuüben geht leichter, wenn das Baby noch nicht geboren ist.

„Unsere Kinder kreisen oft um die Frage der Gerechtigkeit: Bei Anna hast du aber länger am Bett gesessen, Benjamin hat einen Kuss mehr bekommen, den Mädchen kaufst du mehr Sachen als mir, ich bekomme immer als Letzter etwas auf den Teller... Manchmal kann ich darüber lachen, aber manchmal habe ich das Gefühl, dass die Konkurrenz der Kinder um meine Aufmerksamkeit mir die Unvoreingenommenheit nimmt."
(Felizitas Anders, 3 Kinder)

Alle Vorschläge werden nicht verhindern, dass es Momente gibt, in denen sich die Eltern fünf Arme wünschen, weil sie ein Kind enttäuschen müssen, um dem anderen Aufmerksamkeit schenken zu können. Umso schöner, wenn diese Eltern dann wahrnehmen, dass ihre Kinder sich auch gegenseitig beschäftigen, bereichern, beschenken. Einerseits ist es sicher so, dass dem einzelnen Kind elterliche Aufmerksamkeit und Zeit verloren geht, wenn es Geschwister bekommt. Andererseits wird es aber reicher durch verschiedene Beziehungsmöglichkeiten in der Familie, durch Anregungen der Geschwister, durch deren Freundinnen und Freunde. (Das ist kein Trost für die Kinder, sondern eine Ermutigung für die Eltern, die erste Zeit der vielleicht auftretenden Eifersucht zu überstehen.)

7. Monat

25.–28. Woche

Empfinden – Wahrnehmen

Eine Zeit des Übergangs

Der siebte Monat bildet den Übergang zum letzten Drittel der Schwangerschaft. Mit 28 Wochen ist das Baby sozusagen fertig. Seine Entwicklung im Mutterleib ist fast abgeschlossen. Das Baby muss nur noch wachsen, „Babyspeck" anlegen und seine Organfunktionen verfeinern. Wenn es jetzt zur Welt käme, hätte es gute Überlebenschancen. Allerdings würde ihm das selbstständige Atmen noch große Probleme machen, denn das Lungengewebe ist noch nicht ausgereift, sodass das Baby den notwendigen Sauerstoff noch nicht aufnehmen könnte. Für die Mutter entsteht das Gefühl: Mein Baby ist fast fertig, es ist jetzt ein eigenständiger, nahezu selbstständiger Mensch. Ich brauche nur noch zu warten. Aber gerade das „bloße Warten" fällt manchmal schwer und lässt ins Grübeln kommen:

Kommt das Kind zu früh? Ich habe Angst vor einer Frühgeburt.

Wie wird die Geburt werden? Langsam kriege ich „Herzflattern".

Habe ich alles richtig gemacht? Ich bin unsicher, mein Kind könnte krank sein.

Wie lange dauert es noch? Ich wäre froh, es wäre schon vorbei.

Wie lange muss ich noch warten? Meine Schwangerschaft geht mir schon auf die Nerven.

Eine Zeit des Übergangs ist immer eine kritische Situation. Einerseits steigt die Vorfreude auf das Kind: Es ist fast ausgewachsen und wird immer mehr als eigenständiger Mensch erlebt. Es strampelt und macht sich durch Bewegungen und sogar durch Schluckauf bemerkbar.

Die Mutter und auch der Vater können immer besser in körperlichen und auch verbalen Kontakt mit dem Kind treten. Es macht Sinn, mit dem Baby zu reden, denn die Eltern haben das Gefühl, das Baby hört sie schon und antwortet auf seine Weise. Der Geburtstermin rückt in greifbarere Nähe und wird dadurch immer realer. Und doch kommen andererseits so genannte negative Gefühle wie Ängste, Ungeduld und Unsicherheiten auf. Meist kann sich die Mutter gar nicht erklären warum.

> *„Da, jetzt!*
> *Das Schönste an*
> *der Schwangerschaft war,*
> *wenn von innen Tritte gegen*
> *den Bauch kamen."*
> *(Annette Ries, 3 Kinder)*

Diese Gefühle kommen wie aus heiterem Himmel. Sie machen sensibler und anfälliger für äußere Einflüsse. Schwierige Situationen wie Streit mit dem Partner, mit dem Arbeitgeber oder den Eltern, finanzielle Probleme oder eine problematische Wohnsituation können besonders belastend wirken.

Umso wichtiger ist es, sich dieser kritischen Zeit des siebten Monats bewusst zu werden, die eigenen Kräfte zu mobilisieren und sich bei Freunden und Freundinnen, beim Partner, bei Verwandten oder bei professionellen Helferinnen und Helfern Rat und Hilfe zu holen. Gerade das Warten-Müssen und Erwarten-Können kann in kleinen Übungen trainiert werden. Es kann auch im Gebet vor Gott gebracht werden und sich in der Verbindung mit den spirituellen Erfahrungen der christlichen Ahnen ausdrücken.

Die Wartezeit gestalten

Zu dieser Zeit des Übergangs zum letzten Drittel der Schwangerschaft passt die intensive Beschäftigung mit der Namensgebung. Sie kann die als lang empfundene Wartezeit verkürzen helfen. Eine andere Möglichkeit, Ängste oder Ungeduld „zu vertreiben", ist das Zusammenstellen der Erstlingsausstattung. In fast allen Zeitschriften und Büchern zu Schwangerschaft und Geburt und auch in Babybekleidungskatalogen stehen Listen, was das Baby anfangs braucht. Außerdem wissen Mütter, Schwestern und Freundinnen oft bestens Bescheid und geben ihre Erfahrungen und häufig auch die benötigten Sachen, die sie für ihre Kinder nicht mehr brauchen, gern weiter. Es macht Spaß, die Freundin zu besuchen, miteinander zu stöbern und auszuwählen, was frau gebrauchen möchte und was ihr gefällt. Auch wenn die Babysachen von Mutter oder Schwiegermutter schon ziemlich alt sind, kann es trotzdem schön sein, wenn das Baby das eine oder andere Kleidungsstück von der Mama oder dem Papa trägt. Meist sind die Eltern stolz, wenn sie sagen können: Die Schühchen habe ich schon angehabt. Wenn es der Geldbeutel erlaubt, kauft frau einige Kleidungsstücke selbst.

Zur Erstausstattung gehören neben der Kleidung auch die Fläschchen, Pflegeartikel, Bett, Wagen, Tragetuch, Babydecken und manches mehr. Auch darüber werden Sie in allen Veröffentlichungen informiert. Bei diesen zum Teil teuren Dingen lohnt es sich noch mehr, sie bei Freundinnen und Verwandten auszuleihen. Neues kann ganz nach Geschmack ausgesucht werden, aber auch gebrauchte Dinge können mit kleinen Tricks und Mühen liebevoll „erneuert" werden. Wichtig ist, dass Mutter und Vater die Sachen mögen und sich darauf freuen können, sie für ihr Baby zu verwenden. Lieber nochmals weitersuchen als etwas nehmen, was keine Freude macht! Noch wichtiger

Marc Chagall, Mutter und Kind, 1948–53

aber ist, dass frau sich Zeit lässt und die Auswahl der Artikel nicht zum Stress wird. Im Gegenteil: Es soll ja Spaß machen, die Wartezeit verkürzen und mit viel Ruhe und Muße geschehen. Wenn frau merkt, dass diese Aufgabe sie nervös macht, kann sie den Partner, eine Freundin oder Verwandte bitten, die Erstlingsausrüstung zusammenzustellen.

Wer sich eine Erstausstattung kaum leisten kann, findet bei den im zweiten Monat angegebenen Beratungsstellen finanzielle Unterstützung durch staatliche oder andere Gelder.

Ausdrücken – Vertiefen

Monatstisch

Zum siebten Monat passt zum Beispiel:

- Bild und ein kurzer Text zur Namenspatronin der Mutter und zum Namenspatron des Vaters (zum Namenstag und zur Namenspatronin siehe unter „Bewegen – Besprechen" in diesem Monat)
- ein Stück der geerbten Erstlingsausstattung und ein Stück der neu gekauften
- ein adventliches Zeichen (Stern, Tannenzweig, rote Kerze) als Symbol für das Warten-Müssen und Erwarten-Können
- ein Geduldsfaden als Erinnerung, nicht nervös zu werden und sich nicht aus der Ruhe bringen zu lassen
- ein schöner Stein (ein Handschmeichler), der bei schlechter Laune oder Angespanntheit in die Hand genommen werden und gut tun kann

Übungen

Hallo Baby, wie geht es dir heute?

Auf vielerlei Weise kann ich mit meinem Baby in Kontakt treten, mit ihm sprechen, schmusen und lachen und ihm zurufen: „Hallo Baby, wie geht es dir heute?"

● Ich gehe durch die Einkaufsstraßen der Stadt, bleibe an jedem Schaufenster stehen und versuche, mich im Schaufenster oder in den Spiegelflächen von Bekleidungsgeschäften oder Drogerien zu spiegeln. Ich betrachte mich, drehe mich ein wenig, begutachte meinen schönen Bauch und meine stolze Statur. Ich freue mich an unserer Erscheinung und rufe meinem Baby und mir zu: „Hallo, du, wie geht es dir heute?", oder: „Hallo, du Schöne, gut siehst du aus."

● Ich massiere täglich meinen Bauch mit Arnikaöl oder einer speziellen Pflegelotion. Das ist gut gegen Schwangerschaftsstreifen und lässt mich zu mir und zu meinem Baby zärtlich sein. Ich genieße die Wölbung des Bauches und spreche zu meinem Baby. Ich frage es, wie es ihm geht und ob ihm das Massieren gefällt. Auch ich kann ihm erzählen, wie es mir geht und was mir jetzt gerade gut tut.

● Ich setze mich bequem hin, lege meine Hände auf meinen Bauch und stelle mir mein Baby in meinem Bauch vor. Ich male mir aus, wie geborgen es sich fühlt, wie schön warm es meinen Schoß findet und wie es sich häuslich in mir eingerichtet hat. Ich spüre, wie mein Baby noch eine Weile bleiben will und stimme diesem Wunsch zu. Ich darf auch ein bisschen seufzen, weil das Baby mir langsam schwer wird und ich schon sehr neugierig auf seine Ankunft bin. Auch das kann ich dem Baby sagen und gleichzeitig hinzufügen, dass ich aber noch gut warten kann.

Entspannung mit Musik

(Manche Frauen können sich nicht mehr flach auf den Rücken legen, ohne dass ihnen schlecht wird. Für sie ist die Übung nicht geeignet.)

Zu einer ruhigen meditativen Musik, die ich gern höre, lege ich mich in Rückenlage flach auf den Boden, die ausgestreckten Arme liegen neben meinem Körper. Mit einer Decke und einem Kissen für den Kopf kann ich es mir bequemer machen. Zunächst nehme ich nur wahr, wie ich auf dem Boden aufliege.

Dann hebe ich langsam die rechte Hand und den rechten Arm vom Boden ab und führe sie nach oben – aber höchstens 10 cm über dem Boden. Ich verweile kurz, senke sie dann langsam wieder zur Erde und lege sie behutsam auf dem Boden ab. Das Gleiche mache ich nach einer kurzen Pause mit dem linken Arm und der linken Hand. Ich gehe genauso langsam und behutsam vor und halte danach wieder eine kurze Ruhezeit.

Dann hebe ich den rechten Fuß und das rechte Bein langsam vom Boden ab, bis ebenfalls ca. 10 cm über der Oberfläche. Ich halte kurz inne und führe Bein und Fuß anschließend wieder zur Erde. Ebenso handle ich mit dem linken Fuß und Bein.

Danach hebe ich langsam meinen Kopf nach oben, jedoch nur wenige Millimeter. Ich verweile kurz und führe dann den Kopf sehr langsam und sehr vorsichtig wieder auf den Boden zurück.

Jetzt ruhe ich mich flach auf der Erde liegend aus und nehme wahr, wie ich nun auf der Erde ausruhe und ob sich gegenüber dem Beginn der Übung etwas verändert hat. Ich bleibe so lange liegen, wie es mir gut tut und stehe dann langsam auf, indem ich mich zuerst zur Seite rolle, mich räkle und strecke und dann erhebe.

Rituale

Ritual zum Warten-Müssen und Erwarten-Können

Das Ritual kann allein und in einer Gruppe von Frauen oder auch mit dem Partner gefeiert werden. Die Bezeichnung „Eine" steht bei einer Feier in der Gruppe für die Leiterin(nen), bei dem Ritual, das allein begangen wird, für die betreffende Schwangere.

Anfangen

Eine richtet feierlich und still die Mitte des Ortes der Feier her. Elemente für die Mitte können sein: Kerze, Blumen, Tücher, Gegenstände, die gerade auf dem Monatstisch stehen. Alle setzen sich um die Mitte.

Eine stimmt (sich) auf das Thema des Rituals ein: Warten-Müssen und Erwarten-Können als Erfahrung des 7. Monats.

Eine bittet Gott um seine/ihre Gegenwart.

Sich vorbereiten

Eine lädt ein, sich an Situationen zu erinnern, in denen frau wartet. Jede soll sich diese Situationen innerlich vorstellen und sich einfühlen, wie es ihr in solchen Situationen geht.

Jede soll (laut oder leise) die folgenden Sätze ergänzen:

„Wenn ich warte, werde ich ..."

„Wenn ich warte, fühle ich mich ..."

„Warten fällt mir schwer, wenn ..."

„Warten fällt mir leicht, wenn ..."

Die Verheißung hören

Gott spricht zu seinem Volk: Ja, vergessen sind die gegenwärtigen Nöte, aus meinen Augen werden sie entschwinden. Denn schon erschaffe ich einen neuen Himmel und eine neue Erde. Ich mache aus meiner Stadt Jubel und aus ihren Einwohnerinnen Freude. Nie mehr wird man lautes Klagen und Weinen hören. Es wird keinen Säugling mehr geben, der nur wenige Tage lebt, und keinen Greis, der nicht das volle Alter erreicht. Sie werden Häuser bauen und selbst darin wohnen, sie werden Reben pflanzen und selbst ihre Früchte genießen. In meinem Volk werden die Menschen so alt wie die Bäume. Was meine Auserwählten mit eigenen Händen erarbeitet haben, werden sie selber verbrauchen. Sie werden nicht mehr vergebens arbeiten, sie bringen nicht Kinder zur Welt für einen jähen Tod. Denn sie sind die Nachkommen der vom Herrn Gesegneten und ihre Sprösslinge zusammen mit ihnen.
Schon ehe sie rufen, gebe ich Antwort, während sie noch reden, werde ich sie erhören. Wolf und Lamm weiden zusammen, der Löwe frisst Stroh wie das Rind. Man tut nichts Böses mehr und begeht kein Verbrechen auf meinem ganzen heiligen Berg.
(Nach dem biblischen Buch des Propheten Jesaja, Kapitel 65, Verse 16-25 – in Auszügen)

Die Verheißung empfangen
Jede formt mit ihren Händen eine Schale vor ihrem Bauch.
Jede überlegt für sich:
Worauf warte ich? Wie sieht mein Tag der Verheißung aus?
Was soll Gott mir an diesem Tag in meine Hände legen?
Jede stellt sich vor, wie Gott ihr das erwartete Kind in die Hände legt.

Um die Verheißung beten
Eine: Gott, ich muss warten.
   Gott, ich will den Tag der Verheißung erwarten.
   Mit deiner Hilfe kann ich warten.
   Mit deiner Hilfe kann ich vertrauen,
   dass du mir deine Verheißung
   in meine Hände legst.
   Amen.

Abschließen
Nach einer kurzen Stille bläst eine die Kerze aus und räumt die Mitte zur Seite.
Christiane Bundschuh-Schramm

Kürzere Variante allein:
Die Verheißung hören
Lesen der Bibelstelle – entweder den Bibeltext oben oder direkt aus der Bibel (Jesaja, Kapitel 65, Verse 16-25)

Die Verheißung empfangen
Die Schwangere stellt sich hin und breitet ihre Arme aus, als wollte sie einen großen Wasserball halten. Sie betet:
Gott, schenke mir deine Verheißung.
Gott, lass mich warten können
auf den Tag und auf die Stunde.
Gott, ich möchte erwarten,
was du mir schenkst.
Steh mir bei
und segne mich und mein Kind.
Amen.

Christiane Bundschuh-Schramm

Ritual zur gegenseitigen Stärkung
Dieses Ritual kann unter Frauen oder zusammen mit dem Partner begangen werden.

Anfangen
Die Feiernden setzen sich einander gegenüber oder im Kreis; in der Mitte stehen Kerze oder Blumen. Zur Einstimmung kann eine meditative Musik dienen.

Ritualhandlung
Eine spricht: Wir wollen uns gegenseitig den Rücken stärken, damit wir Kraft haben, die kommenden Wochen der Schwangerschaft zu bestehen.
Wir tun dies im Vertrauen darauf, dass die Kraft, die wir weitergeben, von Gott kommt. Gott stärke uns und mache uns Mut.

Die Handlung geschieht in Ruhe:
Eine legt der anderen die Hände auf den Rücken und verweilt eine gewisse Zeit.
Dann wechseln die Paare, und die andere legt der einen die Hände auf den Rücken.

Abschließen
Zum Abschluss kann ein Lied gesungen oder ein Segen gesprochen werden.

Segensgebet

Gott stärke dich,
Gottes Geist erfülle dich.
Gott begleite dich
durch Schwestern und Brüder,
die dir beistehen. Amen.

Christiane Bundschuh-Schramm

(nach einer Idee von Iris Schmid, Silvia Ketterer, Macra Joha und Karin Baumann)

Gebete und Lieder

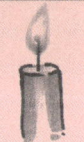

Unruhe

Gott,
meine Unruhe macht mich krank.
Sie zerfrisst die Stunden
und höhlt mich aus.
Sie zerreißt den schönen Fluss des Tages.
Sie beherrscht meine Arbeit und meine Muße.
Sie zersplittert mein Freuen
und mein Lieben.
Sie stößt mich in Ängste
und macht mich ungerecht.
Sie gefährdet Freude und Frieden
der Menschen, die um mich sind.

Gott,
ich bin machtlos.
Mein Wollen und Wissen
helfen mir nicht.

Schöpferin Liebe,
hilf du mir!

Christa Peikert-Flaspöhler

Danke, Gott

Gott, ich danke dir
für den Engel,
der mir sagte,
dass ich schwanger bin.

Gott, ich danke dir
für den Engel,
der mir offenbarte,
dass das Kind von dir ist.

Gott, ich danke dir
für den Engel,
der mir jetzt warten hilft
auf deine Verheißung,
mein Kind.
Amen.

Christiane Bundschuh-Schramm

Im Übergang

Musik: Michael Schramm / Text: Christiane Bundschuh-Schramm

2. Im Übergang dazwischen, die Einheit verloren, die Vielheit entdeckt,
   leben wir heute und suchen nach dir, unser'm Gott, unser'm Gott.

3. Im Übergang dazwischen, von Altem verlassen, von Neuem berührt,
   leben wir heute und suchen nach dir, unser'm Gott, unser'm Gott.

123

Anknüpfen –
sich wiederfinden

„Sie nannte ihn ...“
Wie unsere Ahninnen ihren Kindern Namen gaben

Eine Kursteilnehmerin erzählte, ihre Freundin habe erklärt, als Gebärende habe sie das alleinige Recht zur Namensgebung ihres Kindes. Da der Mann offensichtlich damit einverstanden war, so die Erzählende, habe die Mutter allein den Namen ausgesucht und ihrem Kind gegeben.

Die Hörerinnen der Geschichte fanden dies ein wenig übertrieben, aber wenn frau in das Erste Testament der Bibel schaut, begegnen ihr häufig ähnliche Geschichten. Lea und Rahel zum Beispiel, die beiden Frauen des Jakob, von denen die Genesisgeschichte erzählt, haben alle ihre Kinder ohne Beteiligung Jakobs benannt. Die Erzählung erweckt den Eindruck, dass dies überhaupt keine Frage war. Mit keiner Silbe wird erwähnt, dass Lea und Rahel mit Jakob über die Namen redeten oder dass sie überlegten, was er wohl dazu sagen würde. Auch die Namen selbst stehen in engem Zusammenhang zu den Erfahrungen und Empfindungen der Mutter, nicht denen des Vaters. Rahel und Lea drücken in den Namen das aus, was sie beschäftigt, was ihnen wichtig ist und wie sie die Geburt des Kindes deuten. In ihnen kommt zum Klingen, was sie erlebt und erlitten haben und wie sie es im Angesicht ihres Gottes verstehen. Ihre Namen haben immer eine besondere Bedeutung. So erzählt die Geschichte zum Beispiel:

Als Gott sah, dass Lea von ihrem Mann Jakob zurückgesetzt wurde, öffnete er ihren Mutterschoß. Rahel aber blieb unfruchtbar. Lea wurde schwanger und bekam einen Jungen. Sie nannte ihn Ruben, das heißt: Seht, ein Sohn! Denn sie sagte: Gott hat mein Elend gesehen, jetzt wird mein Mann mich lieben. Bald darauf wurde Lea wieder schwanger und bekam nochmals einen Jungen. Als er geboren war, sagte sie: Gott hat gehört, dass ich von Jakob und Rahel zurückgesetzt werde, und deshalb hat er mir auch noch diesen Sohn geschenkt. Sie nannte ihn Simeon, das heißt Hörer.

(Sie finden diese Erzählung im Original in der Bibel, im Buch Genesis, Kapitel 29, Verse 31-33.)

Dante Gabriel Rossetti, Dantes Vision von Rahel und Leah

Lea bekommt noch fünf eigene Kinder von Jakob, nämlich vier Jungen und ein Mädchen, und weitere zwei durch ihre Magd. Jedes dieser Kinder benennt sie gemäß ihrer eigenen Geschichte und deren Deutung. Auch Rahel, die zunächst keine eigenen Kinder von Jakob bekam, wird schwanger und bekommt einen Sohn. Sie nennt ihn Josef, das heißt Zufüger, denn sie bittet Gott, dass er ihr noch einen zweiten Sohn hinzugebe.
(vgl. Buch Genesis, Kapitel 30, Verse 22-24)

Wir möchten Sie nicht überreden, den Namen Ihres Kindes allein und ohne Rücksprache mit Ihrem Partner zu bestimmen. Auch wollen wir Ihnen die Modenamen nicht ausreden, denn oft stehen wunderschöne Namen ganz oben auf der Hitliste. Wir finden es trotzdem sehr interessant, wie selbstsicher unsere Vorfahrinnen die Namen ihrer Kinder bestimmt haben. Etwas benennen zu können, ist auch ein Ausdruck von Macht. Damit wollten die Frauen damals sicher nicht sagen, dass sie über ihre Kinder herrschen wollten. Eher wird sichtbar, dass sich die Frauen ihrer weiblichen Macht, Kinder zu bekommen und aufzuziehen, bewusst waren. Es ist kein Ausdruck von Schwäche, Kinder zu bekommen, auch wenn gesellschaftliche Kräfte uns Frauen gerade deshalb schwach machen wollen. Es bedeutet vielmehr Frauenmacht, einen Körper zu haben, der einem werdenden Kind Hort und Nahrung gibt, in dem es wachsen und werden kann, durch den es geboren wird und von dem es gesäugt werden kann. Es ist ein Ausdruck von Frauenstärke, Mitschöpferin am Schöpfungswerk Gottes zu sein. Und so wie Gott selbst in der Schöpfungsgeschichte der Bibel die geschaffenen Dinge benennt (z. B. „Und Gott nannte das Licht Tag, und die Finsternis nannte er Nacht", *Buch Genesis, Kapitel 1, Vers 5)*, so benennen Frauen der Bibel ihre Kinder (z. B. „Und sie nannte sie Dina", *Buch Genesis, Kapitel 30, Vers 21)*. Bemerkenswert finden wir zudem, dass die Namen eine Bedeutung haben. Sie offenbaren etwas von den Erfahrungen und Empfindungen der Mutter und davon, wie die Mutter diese deutet. Für die Frauen der Bibel hatten diese Deutungen oft mit Gott zu tun. Er war es, der die Schande von der vormals kinderlosen Frau nahm, er war es, der sich der Eltern erbarmte oder der es gut mit ihnen meinte. Auf diese Weise blieben die Geschichten der Mütter nicht namenlos. Auch wenn sie oft vergessen oder verkürzt erzählt wurden, in den Namen der Kinder leben sie unverfälscht weiter.

Impulse zum Vertiefen
- Ich forsche nach meiner eigenen Geschichte mit meinem Vornamen:
  Ich frage meine Mutter, warum sie mir diesen Namen gegeben hat, welche persönliche Bedeutung er für sie hat.
  Ich suche in Namensbüchern nach der allgemeinen Bedeutung meines Namens.

- Ich blicke zurück in meine persönliche Geschichte, die ich mit meinem Vornamen habe:

  Kann ich mich erinnern, wann ich ihn schreiben konnte?

  Wie hat mir mein Name früher gefallen, wie gefällt er mir heute?

  Welchen Anklang hat mein Name bei anderen gefunden? Inwieweit hat mich dies beeinflusst?

  Welche Personen meiner Geschichte hießen oder heißen wie ich? Was bedeutet das für mich?

  Wie wurde mein Name in meiner Kindheit oder auch später verändert? Wie ging es mir damit?

  Von wem höre ich meinen Namen gern? Von wem weniger?

  Wie geht es mir jetzt mit meinem Namen? Was verbinde ich mit meinem Namen?

- Ich mache mir Gedanken über die für unser Kind favorisierten Namen:

  Welche von den favorisierten Namen gefallen mir am besten, welche meinem Partner?

  Wie wichtig ist es mir, dass mir der Name gefällt?

  Mit welchen der bisher ausgewählten Namen verbinden sich meine Erfahrungen und Empfindungen? In welchem Namen drückt sich etwas von mir aus?

Sag meinen Namen

Sag meinen Namen
und ich halte inne …

… sag meinen Namen –
und ich drehe mich um …

… sag meinen Namen –
und ich schaue dich an …

… sag meinen Namen –
und ich bin getröstet …

… sag meinen Namen –
und ich mache mich auf den Weg

… sag nur meinen Namen …

Ingeborg Holz

Meine Namenspatronin stehe mir bei

Mit der Namenswahl haben sich viele unserer Eltern (zumindest die katholischen unter ihnen) bewusst oder unbewusst für einen Namenspatron oder eine Namenspatronin entschieden. Je nach Konfession und Alter geschah die Auswahl eines Namens oft auf dem Hintergrund einer heiligen Person oder eines Vorbildes, das dem Kind Leitlinie und Hilfe werden sollte. Manchmal wurde die gewünschte Namenspatronin oder der gewünschte Namenspatron nicht mit dem ersten, sondern mit dem zweiten Namen verbunden. Meine Schwester zum Beispiel heißt Annette Maria. „Annette" war damals modern, und da fand man keine Heilige. So wählten meine Eltern noch den Namen der Mutter Jesu als zweiten Namen und diese heilige Maria als Schutzheilige für Annette. Der Namenstag wurde in katholischen Familien früher mehr gefeiert als der Geburtstag. Geburtstag hatte man nur allein, das war wohl nichts Besonderes, aber der Namenstag verband jeden Menschen mit einer bedeutenden Familie von Heiligen, die direkt zu Gott gehörten. Diese Heiligen glaubte man im Himmel und war sich deshalb ihres Schutzes und ihrer Fürsprache sicher.

Heute ist die Tradition des Namenstages und der Namenspatronin etwas in Vergessenheit geraten. Das hat auch damit zu tun, dass viele Heiligengeschichten uns heute nicht mehr viel sagen. Umso wichtiger ist es, dass die neuen Heiligen und Seligen – kirchlich bestätigte und auch andere – in die offiziellen und inoffiziellen Namenstagskalender aufgenommen werden, damit auch Personen mit heutigen und aktuellen Lebensgeschichten darunter sind. Denn wir wünschen jedem Kind eine heilige Person, die es beschützt und die ihm beisteht.

Gerade in der kritischen Zeit des siebten Monats kann sich die Schwangere ihrer eigenen Namenspatronin oder einer bedeutenden „Namensschwester" erinnern und nach ihrer Geschichte forschen. Sie kann sie als Schutzheilige, Fürsprecherin und Begleiterin anrufen und sie um ihre Hilfe bitten, oder sich von deren Lebensgeschichte für den eigenen Lebensweg inspirieren lassen. Vielleicht wird eine bisher Fremde in dieser Zeit des siebten Monats zur Freundin und Begleiterin.

Segen zum Namenstag
Gesegnet bist du mit deiner Namenspatronin,
ihr tragt denselben Namen,
den Gott in seine Hand geschrieben hat.

Gesegnet bist du mit deiner Schwester,
euch verbindet dieselbe Taufe,
die euch zu Töchtern Gottes macht.

Gesegnet bist du mit deiner Freundin,
sie teilt mit dir Freuden und Sorgen,
die ihr euch gegenseitig erzählen könnt.

Gesegnet bist du mit deiner Weggefährtin,
sie begleitet dich an den Übergängen,
die dich auf ungewohnte Wege führen.

Gesegnet bist du mit deiner Namenspatronin,
Gott hält die Hand über eure Partnerschaft,
die du heute feiern darfst.
(an anderen Tagen:
... Partnerschaft,
an die du heute denkst.)
Christiane Bundschuh-Schramm

Wer sich über Heilige, Selige und wichtige Persönlichkeiten der katholischen, orthodoxen, protestantischen
oder anglikanischen Kirche informieren möchte – um zum Beispiel die eigene Namenspatronin zu finden oder
um eine/n für das Kind auszusuchen – findet einen reichen Schatz im Internet unter:
http://www.heiligenlexikon.de

Bewegen –
Besprechen

„Wie soll das Kind heißen?"

Bei der katholischen Taufe fragt der Taufspender mit diesem Satz die Eltern, auf welchen Namen sie ihr Kind taufen lassen wollen. Diese Frage hat eine tiefe Bedeutung. Als Christen und Christinnen glauben wir, dass Gott jede und jeden von uns mit eigenem Namen kennt. Bei dem Propheten Jesaja heißt es:

Jetzt aber spricht Gott,
der dich geschaffen und der dich geformt hat:
Fürchte dich nicht,
denn ich habe dich befreit.
Ich habe dich bei deinem Namen gerufen,
du gehörst mir.
(nach dem biblischen Propheten Jesaja, Kapitel 43, Vers 1)

Dass Gott mich kennt und meinen Namen weiß, dass Gott ihn nicht vergessen wird, sondern auf immer in seine Hand gezeichnet hat, ist eine tröstliche Vorstellung für jede und jeden von uns. Diese Beziehung zu Gott beginnt aber nicht erst mit der Taufe. In der Bibel heißt es, dass Gott jede und jeden Einzelnen schon im Mutterleib kennt. Der Name ist für Gott das Symbol für das unverwechselbare Du eines jeden Menschen. Gott kann jeden Menschen mit dem Namen ansprechen und ihn dadurch zu einem eigenständigen Menschsein herausrufen: Das bist Du, unverwechselbar, einmalig und mir unendlich teuer und lieb.

Diese Bedeutung des Namens gilt auch unter uns Menschen. Auch Mütter und Väter wollen ihrem Kind einen Namen geben als Symbol für seine unverwechselbare und unendlich schützenswerte Identität. Mit dem Namen sprechen wir ein eigenständiges Du an, das in diesem Angesprochenwerden immer mehr zum eigenen Ich wird. Im Leben mit Kindern können wir dies unmittelbar erfahren: In der Ich-Du-Beziehung (Mutter-Kind, Vater-Kind) wird das Kind immer mehr zu einem Ich. Es ist großartig, wenn auch nicht schmerzfrei, einem kleinen Menschen bei seiner Ich-Werdung zuzusehen und ihm dabei behilflich sein zu dürfen.

Wenn wir einen Namen für unser Kind suchen, steht all das im Hintergrund, auch wenn es uns nicht immer bewusst ist. Wir suchen einen Namen, der schön klingt und uns gefällt, und hoffentlich auch unserem Kind Freude macht. Zudem soll er zum Nachnamen passen und auch in 80 Jahren noch überzeugen. Wenn das kein schwieriges Unterfangen ist! Trotzdem kann es viel Spaß machen, allein, zu zweit oder auch mit anderen nach Namen zu suchen. Namensbücher und die Namen, die hinten im Stammbuch der Familie aufgeführt sind, können dabei helfen.

Bei manchen Familien ist es Brauch, dass das Paar den ausgewählten Namen vor der Geburt nicht verrät und als Geheimnis wahrt. Dann ist der Geburtstag für alle Außenstehenden eine doppelte Überraschung: Es ist ein ... (Junge / Mädchen) und er/sie soll ... heißen!

„Wir hatten bei allen unseren Kindern mehrere Wunschnamen zur Auswahl. Wir wollten uns unser Kind erst einmal anschauen, um dann zu entscheiden, welcher Name zu diesem Kind passt."
(Heike und Uli Manz, 3 Kinder)

Frühgeburt

Weil der siebte Monat von vielen Frauen als kritische Zeit erlebt wird, haben viele Frauen Angst vor einer Frühgeburt. Dass der Körper langsam Schonung braucht, wissen die Schwangeren aus Erzählungen, aus der Lektüre von Fachzeitschriften und Büchern, und sie merken es am eigenen Leib. Nur: Wie viel Ruhe braucht der Körper? Was heißt kürzer treten? Für viele Frauen ist es nicht einfach, das richtige Maß zu finden, zumal viele Aufgaben zu erledigen sind und die Berufsarbeit und die Arbeit für die größeren Kinder nicht weniger werden.

Gerade in den letzten Jahren hat die Medizin mehr Aufmerksamkeit auf die psychischen Ursachen für eine Frühgeburt gelegt. Psychische Probleme, wie sie oben beschrieben sind, können vorzeitige Wehen auslösen, die ein Warnsignal darstellen und mitunter eine Frühgeburt auslösen können. Aber auch da entsteht für viele Frauen Unsicherheit: Was sind psychische Probleme, die sich negativ auf den Verlauf der Schwangerschaft auswirken können? Ist eine vorübergehende Überlastung schon Wehen auslösend? Können ein paar Streitereien mit dem Partner, die möglicherweise jetzt nicht ausbleiben, eine Frühgeburt verursachen? Es ist nicht so leicht, sich selbst und die eigene Situation richtig einzuschätzen. Die Unsicherheit bleibt. Ob eine Frühgeburt eintritt oder keine Gefahr besteht, liegt weitgehend nicht im Machtbereich der Schwangeren. Wie belastbar sie letztlich ist, was ihr Körper bewältigen kann und was nicht, kann sie kaum beeinflussen. Auch äußere Veränderungen oder plötzliche Krisen liegen nicht in der Hand der Schwangeren. Wenn eine Frühgeburt droht oder unvermeidlich ist, macht es keinen Sinn, sich Vorwürfe zu machen. Dem Kind und der Mutter nützt es dann am meisten, die Situation zu akzeptieren und, wie man so schön sagt, das „Beste daraus zu machen".

Dennoch ein paar Tipps, die vielleicht helfen, eine Frühgeburt zu vermeiden:

- Tragen Sie Probleme mit dem Partner, mit der Schwangerschaft, mit dem Geld oder mit der Schwiegermutter nicht lange mit sich herum, sondern suchen Sie sich vertraute Personen, bei denen Sie sich aussprechen können. Es hilft auch, die Probleme klagend vor Gott zu bringen. Gott hört am besten zu.
- Hören Sie auf die Stimme Ihres Körpers, und legen Sie Momente der Ruhe ein, um zu spüren, was Ihnen der Körper gerade sagen will.
- Sprechen Sie mit dem Kind. Sagen Sie ihm, dass Sie es halten werden und dass es bei Ihnen bleiben soll. Dazu hilft z. B. das Ritual zum Schlafengehen (siehe dritter Monat), das leicht variiert werden kann, indem frau den letzten Vers an diese Situation anpasst (z. B. Dir und mir einen schönen Tag, Dir und mir noch eine lange gemeinsame Zeit).

• Lassen Sie sich helfen. Ihr Partner, Kollegen und Kolleginnen und Verwandte können Sie jetzt sehr unterstützen, indem sie Ihnen Arbeiten abnehmen und Ihnen Pausen und Erholung ermöglichen. Auch Ihr Partner trägt Mitverantwortung, nicht Sie allein.

Doch manchmal lässt sich eine Frühgeburt nicht vermeiden. Eine Mutter erzählt, wie es bei ihr war, wie sie damit umgehen lernte und wie es ihr und dem Kind heute (damit) geht:

Bei einer Routineuntersuchung in der 28. Schwangerschaftswoche überraschte mich meine Frauenärztin mit der Diagnose, dass mein Gebärmutterhals verkürzt sei und ich ab sofort liegen müsse. Dies war erst einmal ein Schock. Ich war zwar auch bei meinen ersten beiden Kindern früher „geöffnet" (2 und 7 Wochen vor dem Geburtstermin), aber nun 12 Wochen vorher? Außerdem – wie sollte ich mich mit zwei kleinen Kindern schonen? Dank der guten Unterstützung unserer Verwandtschaft konnten wir noch am selben Abend die kommenden Wochen organisieren, und so war ich etwas beruhigter.

2 $\frac{1}{2}$ Wochen später kam der nächste Schock: Ich hatte in der Nacht einen Blasensprung und musste mit dem Krankenwagen in die Klinik gebracht werden. Obwohl mir die Ärzte und Schwestern versicherten, dass die Geburt noch lange aufgehalten werden könnte, habe ich nun häufiger an eine mögliche Frühgeburt gedacht. Ich habe meine innere Unruhe und auch die Unruhe meines Kindes beim ständigen Liegen gespürt und konnte mir absolut nicht vorstellen, in den nächsten neun Wochen nur zu liegen. Immerhin konnte die Lungenreife durch Spritzen herbeigeführt werden, was mich doch etwas beruhigt hat.

Nach einigen Tagen war mein Muttermund zwei Zentimeter geöffnet, und eine befreundete Hebamme sagte mir, dass mein Kind wahrscheinlich nicht aufzuhalten sei und ich mich mit dem Gedanken einer Frühgeburt auseinander setzen solle. Ich kann mich noch an meine Gefühle erinnern: einerseits Schreck und Aufregung, andererseits Erleichterung, weil das Liegen dann ein Ende hätte.

In der Nacht darauf haben dann auch wirklich die Wehen eingesetzt. Die ganze Nacht lang hat der diensthabende Arzt mit Valium versucht, den Geburtsbeginn zu verhindern, obwohl ich gespürt habe, dass es losgeht und dies auch geäußert habe. Erst gegen morgen hat eine Hebamme mich unterstützt, und kurze Zeit später – mein Mann kam gerade noch rechtzeitig zu den Presswehen – war Miriam auch schon da.

Nach den ersten Untersuchungen konnte ich Miriam kurz auf dem Bauch haben, dann kam sie auf die Intensivstation und wurde dort an diverse „Schläuche" angeschlossen.

Mein Mann und ich waren erst einmal ziemlich aufgewühlt: Wir waren froh, ein so sü-ßes Mädchen zu haben, das für seine Unreife wohl recht lebendig war; wir waren aber auch traurig, dass Miriam sich nun doch so früh „draußen" durchkämpfen musste, und wir hatten auch Angst um sie.

Körperlich war ich – Gott sei Dank – schon nach kurzer Zeit wieder fit, und so konnte ich schon zwei Stunden nach der Geburt gemeinsam mit meinem Mann Miriam auf der Intensivstation besuchen.

Die Krankenschwester hat mir Miriam auf die nackte Brust gelegt und ich habe ge-spürt, dass dies nicht nur für Miriam wichtig ist, sondern dass dies auch für mich eine Möglichkeit ist, mit der Situation umzugehen. Ich musste erst einmal realisieren, dass dies wirklich mein Kind ist und musste sie ganz eng an mir spüren, um die abrupte Trennung von ihr zu verarbeiten. Ich habe Miriam nun regelmäßig mindestens einmal am Tag für eine Stunde auf die Brust gelegt und auch mein Mann hat dies regelmäßig gemacht und sehr genossen.

In den ersten Tagen habe ich regelmäßig Milch abgepumpt, und schon am dritten Tag durfte ich Miriam zum Stillen anlegen. Bereits am vierten Tag hat Miriam es zum ers-ten Mal geschafft, eine volle Mahlzeit zu trinken. Davon waren alle überrascht und be-geistert, und so wurde sie schon am fünften Tag von der Intensivstation auf die Sta-tion für kranke Neugeborene verlegt. Für mich war dieser Wechsel aber sehr schwierig. Von den Schwestern dort wurde es nicht gerne gesehen, dass ich Miriam regelmäßig aus dem Wärmebettchen genommen habe, um sie mir auf den Bauch zu legen. Dieses Unverständnis hat mich viel Kraft gekostet. Heute bin ich sehr froh, dass ich trotzdem den Mut hatte, meinem Gefühl zu folgen.

Schwierig waren für mich auch die vielen Pulsabfälle, die Miriam hatte. Sie wurden nach einigen Tagen häufiger, und ich hatte die Befürchtung, dass sie auch durch das Stillen verstärkt wurden. Im Krankenhaus konnte mir in dieser Frage niemand helfen, und so habe ich mich schließlich für das Stillen entschieden, weil ich die Hoffnung hatte, Miriam dadurch „etwas mitgeben zu können".

Miriam war siebeneinhalb Wochen im Krankenhaus – eine Zeit, in der ich, auch als ich selbst schon zu Hause war, nur für sie gelebt habe und offen war. Ich habe viel Zeit in der Klinik verbracht und dazwischen versucht, mich zu erholen, um fit zu bleiben. Dies war nur möglich, weil meine Familie und auch Freunde mir zu Hause „den Rücken frei gehalten haben".

Als Miriam endlich nach Hause kam, brauchte sie kein Überwachungsgerät mehr, wo-rüber wir sehr froh waren. Wir konnten so von Anfang an einen normalen Alltag mit ihr leben. Wir haben aber immer wieder ganz bewusst Miriam Gott hingehalten und um Schutz und Kraft für sie gebetet. Gerade in dieser Grenzerfahrung haben wir ge-spürt, dass wir eben doch nicht alles in der Hand haben.

Miriam hat sich zu Hause gut entwickelt, vielleicht auch angeregt durch ihre beiden älteren Schwestern. Sie hat etwa ein Vierteljahr lang Krankengymnastik benötigt, um einige Bewegungen anzubahnen, dann konnte sie aber schon mit einem knappen Jahr krabbeln und mit etwa 1 1/2 Jahren laufen.

Anfangs war ich oft noch unsicher und habe sie beobachtet, wo sie vielleicht Defizite haben könnte. Mit der Zeit habe ich die Zuversicht bekommen, dass sie schon alles lernen wird, vielleicht ein wenig später als reif geborene Kinder.

Heute haben wir Miriams dritten Geburtstag gefeiert. Miriam ist inzwischen von der Entwicklung her eigentlich genauso weit wie ihre Altersgenossinnen. In der Sprache ist sie vielleicht ein wenig hinterher, in der Bewegung, im Selbstvertrauen und im Spiel aber mindestens genauso weit wie ihre Freundinnen. Wenn mir das bei ihrer Geburt jemand gesagt hätte, wären mir viele Ängste und Sorgen erspart geblieben!

(Ute Schramm, 3 Kinder)

Seelsorge

Sind Probleme in und mit der Schwangerschaft ein Thema für die Seelsorge? Zunächst meinen vielleicht viele Frauen nein, weil die katholischen Pfarrer im Zölibat leben und die evangelischen Pastoren zwar oft Kinder haben, aber überwiegend als Väter diese Thematik wahrnehmen. Doch das Bild der Seelsorger der beiden großen Kirchen hat sich gewandelt. Zu den männlichen Pfarrern kommen nämlich immer mehr Pfarrerinnen, Pastorinnen, Gemeindereferentinnen und Pastoralreferentinnen hinzu, und immer öfter haben diese selber Kinder und stehen vor denselben Problemen wie alle anderen schwangeren Frauen und Mütter auch.

Gerade Frauen und Mütter in der Seelsorge haben oft ein besonderes Gespür für die Lebenssituationen und -probleme von Frauen. Viele leiten Frauenkreise und begleiten Gruppen, die ausschließlich oder überwiegend aus Frauen bestehen. In diesen Gruppen stehen Frauenthemen immer auf der Tagesordnung und so eben auch Themen wie Schwangerschaft, Geburt und Leben mit Kindern.

Einige Seelsorgerinnen haben sich über ihre Berufsausbildung hinaus in beratender Seelsorge besonders qualifiziert und bieten sich als Gesprächspartnerinnen „zwischen Tür und Angel", am Telefon und zu verabredeten Gesprächsterminen an.

Wir möchten Sie ermutigen, sich nach dem örtlichen kirchlichen Seelsorgepersonal zu erkundigen und das Gesprächsangebot zu nutzen. Irgendjemand aus dem Bekannten- oder Kollegenkreis weiß bestimmt, wer „im Pfarrhaus" arbeitet und wie frau die betreffende Seelsorgerin am besten erreicht. Viele, leider nicht alle, Pfarrämter listen im Telefonbuch alle Namen der Seelsorgerinnen und Seelsorger, oft mit jeweils eigenen Telefonnummern, auf. Ansonsten genügt ein Anruf im Pfarrbüro und die Bitte, dass frau von der gewünschten Seelsorgerin zurückgerufen wird. Auch ein Besuch im jeweiligen Gotteshaus führt meist zu den gesuchten Namen, Adressen und Telefonnummern.

Auch wenn männliche Seelsorger keine direkten Erfahrungen mit Schwangerschaft und Geburt haben, stehen sie trotzdem als seelsorgliche Gesprächspartner für alle Fragen des Lebens und des Glaubens zur Verfügung. Lassen Sie sich also nicht entmutigen, wenn in Ihrem Pfarramt nur Männer arbeiten!

Die Telefonnummern der katholischen und evangelischen Pfarrämter finden Sie unter: Kirchen, religiöse Gemeinschaften / Evangelisch / Katholisch.

Die Telefonseelsorge erreichen Sie am Telefon unter:
Fon: 0800 / 111 0 111 (evangelisch)
Fon: 0800 / 111 0 222 (katholisch)
zu jeder Zeit, an jedem Ort und kostenfrei

im Internet unter:
http://www.telefonseelsorge.de
Zwei Möglichkeiten stehen zur Verfügung:
- *Chat-/Online-Beratung mit Terminvereinbarung*
  Die angegebenen Internetseiten informieren genau, wie das geht.
- *E-Mail-Beratung innerhalb von 48 Stunden*
  E-Mail: beratung@telefonseelsorge.de

8. Monat

29.–32. Woche

Empfinden – Wahrnehmen

Ich finde mich manchmal nicht mehr schön

Hauptaufgabe des Babys ist wachsen. Es kann sich immer weniger bewegen. Der achte Monat ist die Zeit, in der die meisten Kinder sich mit dem Kopf nach unten schon einmal in „Geburtsposition" bringen. Weil das Baby schnell zunimmt, wächst auch der Bauch. Die Zeit der größten Gewichtszunahme ist zwar vorbei, doch jedes Mehr an Gewicht und Umfang erscheint fast als zu viel. Bei vielen Frauen schwankt die Einstellung zum eigenen Bauch und Äußeren in dieser Zeit. Vermeldete der Spiegel eben noch: „Toll, so richtig schwanger, rund, fruchtbar und fraulich", kann er im nächsten Augenblick sagen: „Ich will gar nicht auf dieses Fest, ich sehe dick und hässlich aus, wie ein Luftballon, kurz vor dem Platzen." Manche Frauen leiden zudem noch unter starken Wasseransammlungen, vor allem in den Beinen, die den Eindruck des eigenen Äußeren auch eher negativ verstärken.

Gut tut es, mit dem Partner, mit einer Freundin oder anderen Schwangeren mal richtig über diesen Bauch zu lachen, über dieses Kind, das sich jetzt schon so „breit" macht. Das gelingt nicht immer, und dann ist es entlastend, auch einmal bei einer guten Freundin oder beim Partner jammern und klagen zu dürfen.

Wie werde ich nach der Schwangerschaft aussehen?

Viele Frauen haben – vielleicht auch unbewusst – den Wunsch, nach der Schwangerschaft wieder so auszusehen wie vorher. Mit der starken Wölbung des Bauches nach außen entsteht die bange Frage: Werde ich je wieder so schlank sein – und eine Taille haben – wie vor der Geburt? Das ist oft mit Ängsten verbunden, überhaupt noch attraktiv zu sein und sich nicht von einer begehrenswerten Frau in eine „Nur-noch-Mutter" zu verwandeln.

In der Schwangerschaft, bei der Geburt und in der Zeit mit einem kleinen Baby wird der Körper extrem beansprucht. Damit Bänder und Gewebe sich so weit dehnen können, müssen sie weich sein. Der Körper produziert in der Schwangerschaft Stoffe, die für diese Dehnbarkeit sorgen. Bei einigen Frauen verändert sich dadurch der Körper-

Niki de Saint-Phalle, Nana

139

aufbau nicht nur für die Schwangerschaft, sondern auch darüber hinaus. Diesen „anderen" Körper als den nun eigenen zu akzeptieren, kann mit einem schmerzlichen Abschied verbunden sein.

Viele Hebammen und erfahrene Frauen sagen, dass der Körper nach einer Schwangerschaft noch einmal zehn Monate braucht, um sich zurückzubilden. Die gewaltige Dehnung, die die Bauchhaut mitgemacht hat, verschwindet nicht einfach, nur weil die „Hülle" nach der Geburt leer ist. Wer sich für die Rückbildung des Körpers viel Zeit gibt und Rückbildungsgymnastik macht – die ist wichtig vor allem für die gedehnten Muskeln und Bänder im Inneren des Körpers -, hat auf der rein äußerlichen Ebene gute Chancen, den Körper wieder zu straffen.

Die Frage berührt jedoch auch sehr viel tiefere Schichten: Wer gibt mir eigentlich die Norm vor, was ich als attraktiv empfinde? Wieso will ich hinterher aussehen, als sei „nichts gewesen"? Muss ich als Mutter eines oder mehrerer Kinder aussehen wie eine achtzehnjährige Kindfrau: schlank, Wespentaille, runder, wohl proportionierter Busen, straffe Beine? Sind das wirklich meine Wünsche, oder arbeite ich mich an fremden Bildern ab?

Um den eigenen Bildern und Normen auf die Spur zu kommen, kann frau folgenden Fragen nachgehen:

- Welche Frau beeindruckt mich schon beim Ansehen? Warum?
- Was macht deren Ausstrahlung aus?
- Welche Art von Schönheit und Attraktivität entspricht mir? Was brauche ich, um mit mir im Einklang zu sein?

So viele Schäfchen gibt's ja gar nicht: Ich kann nicht mehr schlafen

Einige Schwangere haben während der gesamten Schwangerschaft Schlafprobleme. Vermutlich liegt das daran, dass der kindliche Stoffwechsel keinen Unterschied zwischen Tag und Nacht macht und deshalb auch der mütterliche Stoffwechsel in der Nacht aktiver sein muss als sonst. Spätestens jedoch, wenn der Bauch dicker wird, wird das Schlafen für viele Frauen zum Problem. Sie können nicht mehr so liegen, wie sie es gewohnt sind, werden beim Umdrehen wach, der Rücken schmerzt, der Bauch drückt. Hinzu kommt vermehrtes Schwitzen.

Müde zu sein, den Schlaf dringend zu brauchen und dennoch nachts wach zu liegen, kann nervenaufreibend sein. Und wer weiß, dass am nächsten Tag im Beruf oder in der Familie Höchstleistung gefordert ist, kann schon mal das Heulen bekommen, wenn Nacht um Nacht der Schlaf ausbleibt.

Hilfreich kann es sein, sich nicht selbst unter Druck zu setzen und die Schlaflosigkeit anzunehmen als zur Schwangerschaft gehörend wie etwa die schweren Beine. Wichtig ist herauszufinden, was das Zweitbeste ist, wenn das Beste, der Schlaf, sich nicht einstellen will:

- Frau kann aufstehen und sich eine warme Milch oder einen Tee machen.
- Vielleicht hilft es, Licht zu machen und ein Buch zu lesen oder in einer Zeitschrift zu blättern.
- Vielleicht ist Zeit für Entspannungsmusik und das Schwangerschaftstagebuch, eine Übung oder ein Gebet.
- Ein Vorrat von Kissen kann helfen, eine entspannende Schlafposition zu finden.
- Es lohnt sich auch, die Hebamme oder die Leiterin des Geburtsvorbereitungskurses nach Tipps zu fragen.

Auch Zeiten ohne Schlaf können erholsam sein, wenn es gelingt, auszuruhen und die Gedanken an das „Schlafen-Müssen" abzustellen. Manchmal kann dabei das gemeinsame Schlafzimmer zum Problem werden. Die Rücksicht auf den Partner kann verhindern, dass frau Möglichkeiten einer erträglichen Nachtgestaltung um den Schlaf herum ausprobiert und findet. Überlegen Sie gemeinsam, ob in einem anderen Zimmer ein Ausweich-Bett aufgestellt und bezogen werden kann, damit Sie sich gegenseitig nicht stören. Ein solcher Extra-Schlafplatz kann auch nach der Geburt des Babys hilfreich sein, damit ein Elternteil eine Auszeit vom Baby-Nachtdienst nehmen und ungestört (oder nur mit Stillpause) durchschlafen kann.

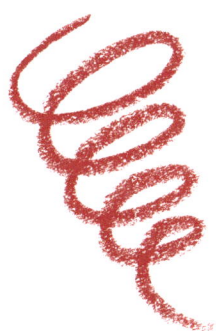

Ausdrücken – Vertiefen

Monatstisch

Auf den Monatstisch passt in diesem Monat eine Schale mit Wasser.

Übungen

Meditation zur Wasserschale

Ich schaue das Wasser an, das ruhig in der Schale steht. Ich stelle mir vor, ich stehe an einem breiten Fluss oder am windstillen Meer.

Ohne Wasser gibt es kein Leben. So wie in der Entwicklung der Erde das Leben im Wasser begann, so beginnt auch das Leben meines Kindes im Wasser.

Wasser ist kostbar:

Die schon fast verdorrte Blume erholt sich, wenn ich sie gieße.

Ich spüre, wie meine Lebensgeister zurückkehren, wenn ich – ganz durstig – ein Glas Wasser trinke.

Eine Dusche erfrischt mich, auch wenn ich müde war.

Je schwerer ich werde, desto mehr genieße ich die Leichtigkeit, die das Wasser mir in der Badewanne oder im Schwimmbad schenkt.

Ich weiß, dass es auch die andere, gefährliche Seite des Wassers gibt:

Ich stelle mir einen Wildwasserfluss vor oder ein Meer mit hohen Wellen und weißen Wellenkämmen.

Ich sehe Bilder von Flutkatastrophen, in den Menschen, Felder, Häuser untergehen.

Ich sehe tosende Strudel, die alles mitziehen, was dort vorbeikommt.

Ich weiß, dass Menschen im Wasser ihr Leben verloren haben.

Das Wasser in meiner Schale ist ein Zeichen für das Leben.

Ich stehe im Strom des Lebens.

Ich weiß um die Gefährdungen und um die Schönheit.

Dennoch und deshalb stelle ich mich hinein in den Lebensstrom.

Ich lege meine Hand in die Wasserschale.

So, wie ich Leben spendendes Wasser erhalten habe, gebe ich es weiter an mein Kind – ich bin mittendrin.

Das Leben ist nicht gleichmütig wie ein träger Fluss.

Mein Platz im Lebensstrom ist kein sicherer Platz.

Aber ich kann stehen und meinem manchmal ängstlichen Herzen sagen:

„Gott griff aus der Höhe herab und fasste mich,

zog mich heraus aus gewaltigen Wassern." (Ps 18,17)

Ich darf darauf vertrauen, dass ich nicht allein bin,

nicht in meinem Leben

und nicht im Sorgen für mein Kind.

Marlies Mittler-Holzem

Bauchgedanken

Du machst dich ganz schön breit, mein Kind,

nimmst mich in Beschlag, dass ich nur noch Bauch bin.

Wenn ich unterwegs bin,

geht der erste Blick der Leute auf dich in diesem Riesenbauch.

Manchmal lache ich darüber

und bin stolz auf mich und auf dich.

Und manchmal könnte ich heulen,

unförmig wie ich bin,

aus den Nähten platzend, dick.

Du erlaubst dir ganz schön viel mit mir, mein Kind.

Und während ich das denke,

muss ich schon wieder lachen

über dich in meinem Bauch.

Gebete und Lieder

Gebet in schlaflosen Nächten

Gott, wieder eine Nacht,

in der ich wach liege.

Tagsüber quält mich die Müdigkeit,

und oft bin ich gereizt und ungenießbar.

Erschlagen gehe ich zu Bett,

doch Schlaf stellt sich nicht ein.

Alle anderen schlafen,

alles ist dunkel und still,

Einsamkeit steigt in mir hoch:

Schläfst du, Gott, wirklich nicht?

Behütest du mich, Gott, wie die Bibel sagt?

Lass mich dich spüren, sei mir nahe.

Schenke mir Ruhe durch deine Anwesenheit.

Marlies Mittler-Holzem

Psalm an Gott, der auch nicht schläft (Psalm 121)

Ich hebe meine Augen auf zu den Bergen:

Woher kommt mir Hilfe?

Hilfe kommt mir von Gott,

der Himmel und Erde gemacht hat.

Er lässt deinen Fuß nicht straucheln;
dein Behüter schläft nicht.
Nein, der Behüter Israels
schläft und schlummert nicht.
Gott ist dein Behüter, Gott gibt dir Schatten;
er steht dir zur Seite.
Am Tag wird dir die Sonne nicht schaden
noch der Mond bei Nacht.
Gott behüte dich vor allem Bösen,
er behüte dein Leben.
Gott behüte dein Weggehen und dein Wiederkommen
von jetzt an und für alle Zeit.

Anknüpfen –
sich wiederfinden

Für alles gibt es eine Stunde, und es gibt eine Zeit für jedes Geschehen
unter dem Himmel:
eine Zeit zum Geborenwerden – und eine Zeit zum Sterben,
eine Zeit zum Pflanzen – und eine Zeit zum Ausreißen der Pflanzen,
eine Zeit zum Töten – und eine Zeit zum Heilen,
eine Zeit zum Einreißen – und eine Zeit zum Bauen,
eine Zeit zum Weinen – und eine Zeit zum Lachen,
eine Zeit zum Klagen – und eine Zeit zum Tanzen,
eine Zeit zum Werfen der Steine – und eine Zeit zum Sammeln der Steine,
eine Zeit zum Umarmen – und eine Zeit, sich aus der Umarmung zu lösen,
eine Zeit zum Suchen – und eine Zeit zum Verirren,
eine Zeit zum Behüten – und eine Zeit zum Loslassen,
eine Zeit zum Zerreißen – und eine Zeit zum Zusammennähen,
eine Zeit zum Schweigen – und eine Zeit zum Reden,
eine Zeit zum Lieben – und eine Zeit zum Hassen,
eine Zeit des Krieges – und eine Zeit des Friedens.

(Sie finden diesen Text in der Bibel, Buch Kohelet/Prediger, Kapitel 3, Verse 1–8.)

Obwohl der Text mehr als zweitausend Jahre alt ist, hat er seine Unmittelbarkeit nicht eingebüßt. In Gegensätzen umspannt er die Lebenserfahrungen der Menschen vom Geborenwerden bis zum Sterben. Alle Erfahrungen, die Menschen machen, haben „ihre Zeit", ihre Berechtigung. Indem der Text allen Erfahrungen die gleiche Formulierung und den gleichen Raum zuteilt, wertet er nicht. Das wird auch dadurch verdeutlicht, dass nicht einfach zwei Spalten gebildet werden können, eine mit den guten und eine mit den schlechten Erfahrungen; alle Erfahrungen und Gefühle kommen vor und werden durch ihre Benennung gewürdigt.

In seiner gelassenen, fast abgeklärten Art hält der Text einige Einladungen bereit:

- Die Einladung zu der Erkenntnis, dass nicht alles machbar ist. Ob ein geliebter Mensch stirbt, ob ich in Frieden lebe, das habe ich nicht der Hand.
- Die Einladung, dem, was mir widerfährt, eine Zeit zuzumessen: Sosehr ich auch jetzt in der Trauer verfangen bin, ich muss nicht endlos traurig sein.
- Aber auch umgekehrt eine Einladung zur Bescheidenheit: Dass ich jetzt in einer guten Zeit lebe, soll mir nicht den Blick dafür verstellen, dass es auch andere Zeiten gibt – und Menschen, die gerade in einer anderen, schlechten Zeit leben.
- Die Einladung, die jetzige Zeit mit dem, was sie enthält, anzunehmen und zu leben: Sich den eigenen starken Gefühlen zu stellen, wirklich zu lieben, zu hassen, zu weinen, zu lachen, zu klagen, zu tanzen.
- Die Einladung zur Meditation: Welche Zeit erlebe ich gerade? Welche Erfahrungen mache ich? Welche Gefühle stellen sich ein? Und ein Rückblick: Durch welche Zeiten und Gefühle bin ich schon gegangen? Wer war ich, und wer bin ich jetzt?

Bewegen –
Besprechen

Geburtsvorbereitungen

Mit dem Beginn des Vorbereitungskurses wird die Geburt konkret. Lange Zeit stand das Schwangersein im Vordergrund, dann das Kind mit seinem Eigenleben im Bauch. Jetzt gilt es, sich körperlich, geistig und seelisch auf die Geburt vorzubereiten.

Der Geburtsvorbereitungskurs hält viele neue Eindrücke bereit: Wer und wie sind die anderen Frauen? Wenn es einen Partner-Abend gibt, wie wird der verlaufen? Wie ist die Leiterin des Kurses? Falls es eine Hebamme ist, könnte ich mir vorstellen, dass sie auch zur Geburt, zur Nachsorge kommt? Fühle ich mich wohl mit der Art der Übungen? Werden meine Fragen so beantwortet, dass ich zufrieden bin? Wird meine Fähigkeit zu entbinden gestärkt, oder fühle ich mich eher verunsichert?

Neben der eigentlichen Geburtsvorbereitung kann und sollte der Kurs eine Plattform für den Austausch untereinander und mit der Hebamme sein. Gerade für Frauen, die zum ersten Mal schwanger sind, bietet er eine gute Gelegenheit, andere Frauen in der gleichen Situation kennen zu lernen.

Die Entbindung: Alles ist möglich – und wofür entscheiden wir uns?

Für die Art der Entbindung gibt es viele verschiedene Möglichkeiten. Sie reichen von einer Hausgeburt bis zu einem – aus medizinischen Gründen notwendigen – Kaiserschnitt mit nachfolgendem Krankenhausaufenthalt für Mutter und Kind. Hier werden die verschiedenen Möglichkeiten vorgestellt, und es kommt jeweils eine Mutter zu Wort, die auf diese Art entbunden hat.

Wichtig und lohnenswert ist auch, im Geburtsvorbereitungskurs nach den Erfahrungen der anderen zu fragen, sich Krankenhäuser und Geburtshäuser anzuschauen, sich mit dem Partner zu besprechen.

Die Hausgeburt

Eigentlich wollten unsere drei großen Kinder (13, 11, 8) die Geburt von Klara miterleben. Aber nachdem wir zweimal Fehlalarm hatten (die Wehen hörten jeweils nach vier Stunden auf), weckten wir sie in der Nacht nicht sofort, als ich wieder Wehen verspürte. Diesmal wurden sie allerdings innerhalb kurzer Zeit so stark, dass Christoph bei unserer Hebamme anrief. Die machte sich auch gleich auf den Weg. Mit dem Moment, da mir klar war, es gibt kein Zurück mehr, konnte ich mich ganz anders auf das Geschehen in meinem Körper einlassen. Nach drei Geburten wusste ich ungefähr, was mich erwartet. Mit Christophs Hilfe konnte ich die Wehen gut bewältigen, aber zu dem so schön vorbereiteten Bad bei Kerzenschein sollte es nicht mehr kommen. Die Vorarbeit, die Klara bei den beiden Fehlalarmen geleistet hatte, vor allem aber die vertraute Umgebung und die beruhigende Atmosphäre (keine Apparate, keine störenden Untersuchungen) bewirkten, dass plötzlich alles sehr schnell ging. Ich spürte, wie sich der

Kopf in mir drehte und nach unten schob. Dieses Gefühl war sehr intensiv. Ich konnte noch schnell in die Hocke gehen und sagen: „Christoph, das Kind kommt", da spürte ich die Presswehe, ich versuchte, sie so gut es ging zu veratmen und gab vorsichtig dem Druck nach, ohne mitzupressen, ganz so, wie ich es aus der Vorbereitung wusste, und schon war unser Baby geboren. Klara landete in den Händen ihres Vaters. In Dekken eingewickelt hielt ich sie in meinen Armen, als die großen Geschwister sie schlaftrunken begrüßen konnten. Brigitte, die Hebamme, die fünf Minuten später da war, war sehr erstaunt. Sie hatte eine wehende Frau erwartet und fand eine glückliche Familie vor, die sich gerade ohne ihre Hilfe vergrößert hatte. Eine ganze Weile saßen wir so zusammen. Als Brigitte dann fragte, wer denn die Nabelschnur durchtrennen möchte, war es Magdalena (8) die sich zuerst meldete und dann die Schere in die Hand nahm. Ab diesem Moment konnten unsere Großen mithelfen: wiegen, messen, anziehen, tragen … Am schönsten war es, als wir dann alle gemeinsam in unserem großen Bett liegen und gemeinsam glücklich sein konnten. Während der Geburt habe ich mich, obwohl die Hebamme noch nicht da war, sicher gefühlt, da ich sowohl auf meinen Körper als auf die Mitarbeit durch das Kind vertraut habe. Zum Krankenhaus hätten wir es bei der Schnelligkeit, die Klara an den Tag legte, ohnehin nicht mehr geschafft. Daher war ich froh, dass wir auf eine Hausgeburt vorbereitet waren. Klara ist ein wunderbares Baby, sie ist fröhlich und sehr zufrieden. Ich glaube, dass die Geburt, die so stressfrei verlaufen ist, ihr Wesen mit geprägt hat."

(Verena Speicher, 4 Kinder)

Wer zu Hause entbinden möchte, muss frühzeitig Kontakt mit einer freien Hebamme aufnehmen (Branchenbuch; Internet), die dann zwei Wochen vor dem errechneten Termin und zwei Wochen danach Rufbereitschaft hat. Die Hebamme besorgt viele Dinge, die für die Geburt nötig sind, wie Plastikplanen, Laken usw. Sie wird sicherlich auch mindestens eine Vorsorgeuntersuchung machen. Die Hebamme wird sicherstellen, dass der bisherige Schwangerschaftsverlauf keine Komplikationen bei der Geburt vermuten lässt.

Vorteile:
• kein Ortswechsel
• gewohnte häusliche Umgebung
• eine vertraute Bezugsperson
• „Intimität"
• Betreuung durch eine Hebamme vor, während und nach der Geburt möglich

Nachteile:
- bei Komplikationen muss erst der Krankenwagen fahren
- viel Besuch, der eventuell auch länger bleibt als im Krankenhaus

Die Krankenhausgeburt

Da wir damals eine sehr kleine Wohnung hatten und ich schon älter war, entschieden wir uns ohne viel Hin und Her für die stationäre Geburt im Krankenhaus. Wir erlebten drei Schichten Personal und hatten drei verschiedene Hebammen, aber das war gar nicht wichtig. Die meiste Zeit hielten sie sich im Hintergrund und kamen nur ab und zu, um nachzusehen und auf unsere Wünsche zu reagieren.
Nach der Geburt blieb ich noch fünf Tage im Krankenhaus. Nachts schlief unser Baby im Kinderzimmer und wurde nur zum Stillen gebracht. Tagsüber war es bei mir, aber wenn ich schlafen oder duschen wollte, konnte ich es ins Kinderzimmer bringen. Ich fand die Tage im Krankenhaus erholsam, weil ich viel Zeit für mich hatte. Nur der erste Tag zu Hause, als sich das Baby erneut umstellen musste, der war Chaos; damit muss frau wohl rechnen."
(Cleo Seidl, 1 Kind)

Viele Krankenhäuser bieten inzwischen unterschiedliche Geburtszimmer an und haben auch unterschiedliche „Geburtsphilosophien". Für diejenigen, die wissen, dass sie im Krankenhaus entbinden wollen, lohnt es sich also, sich verschiedene Krankenhäuser anzuschauen (dafür gibt es meistens Termine, die frau telefonisch erfragen kann). Immer gibt es Moden, welches Krankenhaus gerade „in" ist – aber Vorsicht, dort kann es auch passieren, dass die Kreißsäle schon besetzt sind, wenn Sie kommen. Fragen, die die Auswahl erleichtern:
- Dürfen Sie sich während der Geburt bewegen?
- Welche unterstützenden Maßnahmen gibt es: Badewanne, Geburtshocker, Rad ...?
- Wird ein Einlauf gemacht?
- Welche Schmerz stillenden Methoden werden angeboten?
- Ist das Kind hinterher bei der Mutter im Zimmer?
- Wenn Sie stillen wollen: Welche Unterstützung bietet das Krankenhaus an?

Achten Sie beim Besichtigen und Fragen auf Ihre Gefühle: Gefällt Ihnen die Atmosphäre, werden Sie ernst genommen, gibt es nur eine „richtige" Methode, oder werden Ihnen verschiedene Angebote gemacht?
Melden Sie Ihre Geburt im Krankenhaus an; falls es zu Ihrem errechneten Termin schon viele Anmeldungen gibt, können Sie jetzt noch umdisponieren. Es besteht

auch die Möglichkeit, eine der letzten Vorsorgeuntersuchungen im Krankenhaus Ihrer Wahl durchzuführen, um schon einmal Räume und Gesichter kennen zu lernen.

Vorteile:
- medizinische Sicherheit, auch bei Komplikationen
- manche Frauen schätzen es, dass sie sich nach der Geburt fern von zu Hause ausruhen können
- Rund-um-die-Uhr-Betreuung und -Unterstützung bei der Säuglingspflege

Nachteile:
- eventueller Schichtwechsel der Hebamme unter der Geburt
- Gebundenheit an die Krankenhaus-"Regeln"
- wenig Rückzugsmöglichkeiten bei der Entbindung und für die Familie

Die ambulante Geburt

Nach der Geburt unseres ersten Kindes bin ich fünf Tage im Krankenhaus geblieben. Gefallen hat es mir nicht: Alles war reglementiert, mein ausbleibender Milcheinschuss verursachte Dauerstress, es gab keine Möglichkeit, mit meinem Mann unser Wunder zu bestaunen, zu feiern, zu besprechen. Für das zweite Kind haben wir dann eine ambulante Geburt geplant: Es gab ein Krankenhaus, das ambulante Entbindungen mit einer „mitgebrachten" Hebamme zuließ. Die Hebamme hat dann auch schon Vorsorgeuntersuchungen gemacht und ist vor der Fahrt ins Krankenhaus zu uns gekommen. Für die Geburt standen also alle medizinischen Möglichkeiten zur Verfügung; diese Sicherheit brauchte ich. Zwei Stunden nach der Entbindung, als mein Kreislauf sich stabilisiert hatte, sind wir dann nach Hause gefahren. Der Aufbruch war sehr anstrengend, aber zu Hause war es wunderschön: Der kleine Bruder kam morgens zu uns ins Bett und hat seine in der Nacht geborene Schwester begrüßt, ganz zaghaft zuerst. Wir waren alle zusammen und konnten uns in Ruhe aneinander gewöhnen."
(Felizitas Anders, 3 Kinder)

Ambulant entbinden bedeutet, dass die Geburt im Krankenhaus stattfindet. Die U1 für das Kind wird sofort gemacht, Mutter und Kind werden etwa zwei Stunden beobachtet und fahren dann nach Hause. Es gibt auch Krankenhäuser, die einer freien Hebamme gestatten, ihre ambulanten Geburten dort durchzuführen. In diesem Fall müssen Sie sich frühzeitig eine Hebamme suchen, die über diese Möglichkeit verfügt und die zu Ihrem errechneten Geburtstermin noch Zeit hat. Fragen Sie intensiv, wie der Kontakt zwischen Hebamme und Krankenhaus ist – Sie sind während der Geburt genau „dazwischen". Stellen Sie, wie auch bei einer Hausgeburt, sicher, dass Sie und das Baby nach der Geburt zu Hause allermindestens eine Woche lang gut versorgt werden. Das ist wichtig vor allem in Familien, in denen es schon Kinder gibt. Überlegen Sie vorher, wie viel Besuch Sie haben wollen, und äußern Sie Ihre Wünsche deutlich!

Vorteile:
- medizinische Sicherheit
- eine vertraute Hebamme
- die gemütliche Atmosphäre zu Hause

Nachteile:
- Ortswechsel vor und direkt nach der Geburt

Der Kaiserschnitt

Am Ende der Schwangerschaft, kurz vor dem errechneten Geburtstermin, stellte sich heraus, dass ein Kaiserschnitt aus medizinischen Gründen notwendig sein würde. Im ersten Moment war die Enttäuschung groß: Statt aktiv die Geburt zu erleben, vielleicht sogar zu gestalten, nun das passive Ausgeliefertsein. Im zweiten Moment obsiegte die Vernunft. Ich habe mich dann bei der Sectio für eine PDA entschieden, um so aktiv wie nur möglich beim Geschehen dabei sein zu können. Außerdem wollte ich mein Neugeborenes sofort anlegen können.

Etwas gruselig war es schon zu spüren, dass an meinem Körper etwas geschieht und ein Pulk von medizinischem Personal an mir arbeitet. Auch habe ich bei beiden Geburten deutlich gespürt, wie die Babys herausgeholt wurden. Schön war, dass ich mein Kind dann sofort zu sehen bekam, bevor es zur Untersuchung gebracht wurde. Außerdem war es bei meinem Mann in den besten Händen.

Nach ca. einer halben Stunde, die mir wie eine Ewigkeit vorkam, war ich dann wieder so weit hergestellt, dass ich aus dem Operationssaal in einen kleinen gemütlichen Raum geschoben wurde, wo Mama, Papa und Baby genügend Zeit und Ruhe hatten, um sich kennen zu lernen. Nun wurde unser Baby mit Hilfe der Hebamme auch zum ersten Mal angelegt, was etwas schwierig war, da alles im Liegen passieren musste, da der Bauch eine einzige schmerzende Stelle war. Sehr gewöhnungsbedürftig war zudem, dass ich völlig auf fremde Hilfe angewiesen war, was sowohl meine Person als auch die Versorgung unseres Neugeborenen anbelangte. Erst am dritten Tag war es mir unter Schmerzen und mit Hilfe der Schwester möglich, aufzustehen.

Zwölf Tage blieben wir im Krankenhaus. Zum Glück hatten wir uns ein Krankenhaus mit einer kleinen gynäkologischen Abteilung ausgesucht, wo wirklich auf die Bedürfnisse von Mutter und Kind eingegangen werden konnte und die Babys immer zum Anlegen gebracht wurden, wenn sie Hunger hatten. Auch war es mir immer möglich, mein Baby bei mir im Bett zu haben, wenn wir beide das Bedürfnis danach hatten, und das war nicht gerade selten. So war ich auch beim zweiten Kind viel gelassener und entspannter, da ich bereits wusste, was auf uns zukommen und wie liebevoll das Krankenhauspersonal mit uns beiden umgehen würde."

(Gaby Necke-Schmidt, 2 Kinder)

Bestimmte Komplikationen während der Schwangerschaft oder auch erst unter der Geburt machen einen Kaiserschnitt notwendig. Dabei hat die Medizin in den letzten Jahrzehnten Methoden entwickelt, dass Mutter und Kind direkt nach dem Kaiserschnitt zusammen sein können und dass das Kind sofort angelegt werden kann. Auch der Vater kann in vielen Krankenhäusern bei einem Kaiserschnitt anwesend sein und das Kind in Empfang nehmen.

Die Verbindung von Vorsorgeuntersuchungen und Kaiserschnitt haben die Sterblichkeitsrate von Säuglingen während der Geburt erheblich zurückgehen lassen. Kein Zweifel also, dass viele von diesem medizinischen Fortschritt profitieren. Dennoch sind viele Frauen enttäuscht, wenn gegen Ende der Schwangerschaft oder gar erst unter der Geburt plötzlich ein Kaiserschnitt nötig wird. Sie haben sich auf die Geburt vorbereitet, Wehen zu veratmen gelernt, sich für einen Ort und eine Art der Geburt entschieden – und nun das. Einige Frauen erleben einen Kaiserschnitt als eine Art persönliches Versagen und brauchen viel Unterstützung und Verständnis, bis sie mit dem Kaiserschnitt ihren Frieden machen können.

Wachsende Kaiserschnitt-Raten lassen allerdings die Vermutung zu, dass es zunehmend auch Frauen gibt, die den Kaiserschnitt als „schmerzfreie" und komplikationslose Geburtsmethode selbst wählen, ohne dass dafür eine medizinische Notwendigkeit gegeben wäre. Wie schon einmal in den technikbegeisterten Jahren der frühen Bundesrepublik und anderer westlicher Industrieländer wird die Beherrschbarkeit des Geburtsvorgangs und die vermeintliche Sicherheit für Mutter und Kind in den Vordergrund gestellt. Das Geburtsgeschehen als etwas Werdendes, Lebendiges – auch Gefährdetes – wird den Beteiligten aus der Hand genommen. Ebenfalls in den Hintergrund tritt die Tatsache, dass die Genesung nach einem Kaiserschnitt wesentlich langwieriger ist als nach einer spontanen Geburt. Dadurch ist es viel anstrengender, die erste Zeit mit dem Baby durchzustehen. Wir möchten Frauen ermutigen, eine „normale" Geburt zu wagen, wenn der Kaiserschnitt nicht aus medizinischen Gründen geboten ist.

Wer soll bei der Geburt mit dabei sein?

Vor hundert Jahren war es „normal", dass die Kinder zu Hause und mit Hilfe der Nachbarsfrauen entbunden wurden, der „Normalfall" vor vierzig Jahren war, dass die Schwangere allein im Krankenhaus entband. Heute ist es „normal", dass der Partner bei der Geburt dabei ist. Aber: Da sich ohnehin wandelt, was als „normal" gilt, können die Beteiligten auch kreativer entscheiden, was gut und richtig für ihre Situation ist. Dabei geht es zuallererst darum, dass die Schwangere sich wohl und aufgehoben fühlt. Sie entscheidet, wer sie unterstützen und begleiten kann, wer ihr wirklich hilft, mit wem sie dieses Maß an Intimität teilen kann. Das kann – und wird oft – der Partner sein, das kann die eigene Mutter sein, das kann eine Freundin sein, mehrere liebe Menschen, die Familie. Wichtig ist, dass geschieht, was die Gebärende braucht und wünscht. Vielleicht war manches vorher anders geplant, als die Schwangere es unter der Geburt wünscht. Gute Geburtshelfer und -helferinnen sind flexibel, wenn es um die Wünsche der Gebärenden und um ein gutes Geburtsgeschehen geht.

Erlaubt ist, was ihr gefällt – Sex in der Schwangerschaft

Normalerweise gibt es keine Gründe gegen Sex in der Schwangerschaft; ist es anders, wird der Arzt oder die Ärztin darüber informieren. Emotional ändert sich jedoch so viel, dass das Thema Sex sehr behutsam angegangen werden sollte. Viele Frauen haben zu Beginn der Schwangerschaft die Sorge, Sex könnte eine Fehlgeburt auslösen, und diese Sorge lässt sie nicht ganz entspannen. Gerade zu Beginn ändert sich der Hormonhaushalt auch ständig, was zu Übelkeit, Müdigkeit und dann eben auch zu weniger Liebes-Lust führen kann. Genauso gut kann aber die Erfahrung der eigenen Fruchtbarkeit dazu führen, dass das Verlangen nach Nähe des Partners und auch das Verlangen nach sexueller Erfüllung zunimmt.

„Nachdem ich zum ersten Mal die Kindsbewegungen gespürt hatte, habe ich mich beim Sex irgendwie beobachtet gefühlt. Ich dachte, es ist noch jemand dabei, und das fand ich sehr irritierend."
(Barbara Dohmen, 1 Kind)

Es gibt kein Patentrezept. Einfühlung ist gefragt und ein neues, vorsichtiges Herantasten an die sexuelle Begegnung, dass sie für beide schön ist. Dabei darf es auch mal ein Missverständnis geben oder eine Enttäuschung; schön, wenn beide hinterher lachen können. Vielleicht ist es manchmal traurig, dass eine Art von Sex, die vor der Schwangerschaft für beide erfüllend war, jetzt nicht mehr als angemessen empfunden wird. Es kann eine Bereicherung sein, etwas Neues ausprobieren zu müssen und sich von den eigenen Wünschen zu erzählen.

9. Monat

33.–36. Woche

Empfinden –
Wahrnehmen

Schwerstarbeit – ganz ohne etwas zu tun

Ab der 32. Woche leistet der Körper Schwerstarbeit: Die Organe der Schwangeren müssen auf Hochtouren arbeiten, um das Baby versorgen zu können; aber auch Bänder, Muskeln und Gelenke werden durch die Gewichtszunahme stark beansprucht. Das Baby füllt die Gebärmutter ganz aus, und wenn es dem Baby zu eng wird, tritt es manchmal so, dass der Mutter die Luft wegbleibt. Das Atmen fällt schwer, und die Gebärmutter schiebt den Magen nach oben, sodass häufiges Sodbrennen die Folge sein kann. Eine spürbare Erleichterung tritt erst wieder ein, wenn der Kopf des Babys in das Becken eintritt und dadurch für Lunge und Magen wieder mehr Platz ist. Kein Wunder also, dass viele Frauen sich jetzt schlapp fühlen und schnell erschöpft sind.

Eine gute Erfindung: Mutterschutz

Für berufstätige Frauen beginnt nun der Mutterschutz. Damit nach dem eigenen Weggang alles reibungslos läuft, kann der „Endspurt" und das Aufräumen des Arbeitsplatzes eine sehr anstrengende Zeit werden.
Wenn nach der Geburt Erziehungs„urlaub" geplant ist, steht mit dem Beginn des Mutterschutzes ein Abschied an. Der kann sehr wehmütig stimmen, selbst wenn das Kind heiß ersehnt war. Schließlich wird an dieser Stelle noch einmal die Größe der Veränderung deutlich und auch, dass frau etwas zurücklassen muss, um ihren Weg mit dem Kind zu gehen. Aber auch diejenige, die ausschließlich für die Zeit des Mutterschutzes – 6 Wochen vor dem errechneten Termin und 8 Wochen nach der Geburt – zu Hause bleibt, unterbricht das Gewohnte und Vertraute. So kann die Zeit des Abschieds auch zu einer Zeit werden, in der die Schwangere das Unsichere und das Risiko ihres „Unternehmens" stärker sieht. Ein kleines Abschiedsfest kann den Einschnitt markieren und den Übergang erleichtern helfen. Und natürlich sind Tränen erlaubt: Wer sie „dienstlich" nicht weinen will, kann es auf den leeren Moment zu Hause verschieben.

Kein Mutterschutz für Mütter?

Für Frauen, die in der Familie arbeiten, gibt es keine Freistellung von dieser Arbeit durch Mutterschutzgesetze. Niemand rückt an ihre Stelle und übernimmt die anfallenden Arbeiten.

Mütter müssen ihren Mutterschutz selbst in die Hand nehmen. Zum Beispiel so: Sechs Wochen vor dem errechneten Termin setzt die Schwangere für sich, den Partner oder eine Freundin eine Zäsur mit einem kleinen Fest, einem Kaffeetrinken, einem Stadtbummel: Jetzt beginnt die letzte Phase der Schwangerschaft. Ausgiebige Erholung bereitet gut auf die Geburt und auf die erste anstrengende Zeit vor. Auf diese Erholungszeit, auf den Mutterschutz hat die Schwangere hingearbeitet: Die großen Veränderungen und schweren Arbeiten sind erledigt, die meisten Dinge gekauft, anstehende Ereignisse wie Weihnachten, Kindergeburtstag oder Goldhochzeit der Eltern vorbereitet, die Fenster geputzt. So weit die äußeren Bedingungen.

Es braucht allerdings auch innere Bedingungen für Erholung, zum Beispiel das Gefühl, jetzt ausruhen zu dürfen, auch wenn noch nicht alles erledigt ist. Eine gute Zeit also, den Perfektionsdrang abzulegen, denn wenn das Baby da ist und die anderen Kinder auch ihr Recht fordern, wird auch nicht immer alles perfekt erledigt sein.

Nur ein Traum? Warum eigentlich?

Geschenke von lieben Menschen

Viele liebe Menschen fragen vor der Geburt: „Was braucht ihr denn noch für das Kleine?" Gerade Mütter mit mehreren Kinder geraten da in eine echte Zwickmühle. Das Kleine braucht eigentlich gar nichts mehr; Kleidung und Spielzeug sind von den älteren Geschwistern reichlich vorhanden, und das eine oder andere neue Stück kommt garantiert dazu. Wirklich brauchen könnten alle anderen etwas:

• die anderen Kinder einen Ausflug zur Eisdiele, ins Kino, in den Zoo, also eine Zeit ohne Rücksicht auf das Baby und mit ihnen als Mittelpunkt – als Seelenmassage für das irritierte Selbstbewusstsein

• die Mutter einen Gutschein für so viele Stunden Freizeit, wie das Baby ohne Stillen durchhalten kann

• der Vater einen Gutschein für Freizeit ohne schlechtes Gewissen

• die Eltern einen Gutschein für eine Putzhilfe im ersten Vierteljahr

Dürfen Sie solche Wünsche äußern? Vielleicht steht Ihnen sofort die gute Freundin, Ihre Schwester, die hilfsbereite Nachbarin vor Augen, die lachend sagt: „Das hätte mir selbst einfallen können."

Hilfe, ich werde Mutter

Viele Frauen, die das erste Kind erwarten, haben sehr ambivalente Gefühle bei der Vorstellung, dass bald jemand „Mama" zu ihnen sagt: Älter wird frau unabhängig davon, ob sie Mutter ist oder nicht. Dennoch ist mit dem Mutterwerden ein deutlich sichtbarer Generationensprung und eine Abhängigkeit markiert: Es gibt nicht nur Jüngere nach mir, ich bin auch dazu verpflichtet, sie zu versorgen und mich um sie zu kümmern.

Es scheint so, dass wir beim Wort „Mutter" häufig die eigene Mutter assoziieren. Und weil wir die eigene Mutter vielleicht nicht als attraktive Frau und die eigenen Eltern vielleicht nicht als Liebespaar wahrgenommen haben, unabhängig davon, ob sie eins waren oder nicht, sitzt die Furcht tief, das Elternsein könnte das Liebespaar-Sein ablösen. Dazu passen Wahrnehmungen von Müttern, die in fleckigen Sweatshirts mit quengelnden Kindern an der Supermarktkasse stehen.

Nach wie vor gibt es in unserer Gesellschaft die Vorstellung, eine Mutter müsse eine perfekte Haushälterin sein, die das Heim für die Familie liebevoll und mit großem Zeitaufwand gestaltet. Selbstverständlich soll sie die Kinder in allem fördern und immer für sie da sein. Wenn überhaupt, ist sie halbtags berufstätig und schafft beides, ohne dass Mann, Hund, Haushalt, Garten, die Elternarbeit im Kindergarten oder das eigene perfekte Aussehen zu kurz kommen.

Alle diese Bilder – und noch viele mehr – existieren in unseren Köpfen. Sich davon unabhängig zu machen, ist keine leichte Aufgabe. Dennoch lohnt die Arbeit an der Frage: „Wie will ich als Mutter, als Frau, als Ehefrau und Partnerin, als Berufstätige leben? Wo will ich jetzt Schwerpunkte setzen? Wie verstehe ich mich?"

Felix Vallotton, Drei Frauen und ein Kind, im Wasser spielend, 1907

Ausdrücken – Vertiefen

Monatstisch

Auf den Monatstisch können der Partner oder andere liebe Menschen Zeitgutscheine legen

- als Zeichen des Partners, dass er die Vaterschaft ernst nimmt. Sie fordern seine Kreativität heraus, um ihr möglichst viel eigene Zeit zur Verfügung zu stellen.
- als Zeichen der Verwandten und Bekannten, dass sie sich auch auf das Kind freuen und Zeit mit ihm verbringen wollen.

Übungen

Ich male einen Stammbaum meiner Vor-Mütter

Immer noch ist es bei uns üblich, Familie mehr über die männliche Linie als über die Linie der Frau zu definieren. „Klassische" Stammbäume tragen die männlichen Linien weiter, während die Frauen aus ganz unterschiedlichen Familien dazukommen. Sie spielen nur insofern eine Rolle, als sie der männlichen „geraden" Linie das Weiterleben ermöglichen. Interessant könnte es sein, den Frauen der eigenen Familiengeschichte nachzugehen, die eigene Mutter zu befragen nach ihrer Mutter und ihren Großmüttern, nach Tanten und Ahninnen. Aus welchen Familien sind sie gekommen, in welche Familien haben sie geheiratet? Von einigen Generationen gibt es Fotografien, die herausgekramt werden können. In welcher Tradition stehe ich?

Schreibübung: Ein Elfchen für mein Kind

Ein Elfchen ist ein kleines, leicht herstellbares Gedicht aus elf Wörtern nach folgendem Muster (jeder Strich steht für ein Wort):

Struktur	Beispiel	Beispiel
–	Kind	Verena
– –	unserer Liebe	Kind Gottes
– – –	von Gott geschenkt	und unserer Liebe
– – – –	ich will dich lieben	du bist mir anvertraut
–	immer	Danke

Vielleicht kommt beim Schreiben ein Elfchen heraus, das sich gut für die Geburtsanzeige eignet.

Rituale

Meditation: Guter Hoffnung sein

Früher haben die Menschen nicht gesagt: „Ich bin schwanger" oder: „Ich bekomme ein Kind", sondern: „Ich bin guter Hoffnung". Heute klingt das ein wenig altmodisch, und hier soll auch kein Plädoyer für die Wiedereinführung dieses Satzes geführt werden. Aber vielleicht haben Sie Lust, den ausgedrückten Gefühlen in dem Satz „Ich bin guter Hoffnung" nachzuspüren:

> *Ich bin guter Hoffnung.*
> *In mir wächst etwas Hoffnungsvolles: ein ganz neuer Mensch.*
> *Nicht eine Kopie von mir oder meinem Partner,*
> *ein neuer Mensch, der neue Wege gehen wird.*
> *Ich bin guter Hoffnung.*
> *Ich schaue vertrauensvoll in die Zukunft,*
> *ohne zu wissen, was sie bringen wird.*
> *Ich hoffe, dass alles gut wird.*
> *Nicht, dass alles nach meinen Plänen laufen wird.*
> *Nicht, dass alles glatt geht.*
> *Aber dass wir nicht resignieren müssen vor den Aufgaben,*
> *die auf uns zukommen.*
> *Dass wir aneinander und miteinander wachsen können*
> *und dass wir uns gern haben können – immer.*
> *Das ist meine gute Hoffnung.*
> *Marlies Mittler-Holzem*

Gebet am Morgen des Lebens

Der Psychotherapeut Bert Hellinger misst der Elternschaft eine sehr hohe Bedeutung zu. Die Eltern schenken ihren Kindern etwas Einzigartiges, was nur diese Eltern so schenken können, nämlich das eigene Leben. Im Nachsinnen über das eigene Mutterbild und später in der Erfahrung des Mutterseins gelingt es vielleicht, der eigenen Mutter verstehend und liebend näher zu kommen. Um sich bewusst zu machen, welch einzigartiges Geschenk das eigene Leben aus der Hand der Eltern ist, schlägt Bert Hellinger vor, folgenden Text zu sprechen:

> *Liebe Mama, liebe Mutti,*
> *ich nehme es von dir, alles, das Ganze,*
> *mit allem Drum und Dran,*
> *und ich nehme es zum vollen Preis, den es dich gekostet hat*
> *und den es mich kostet.*
> *Ich mache was daraus, dir zur Freude*
> *(und zum Andenken).*
> *Es soll nicht umsonst gewesen sein.*
> *Ich halte es fest und in Ehren,*
> *und wenn ich darf, gebe ich es weiter, so wie du.*
> *Ich nehme dich als meine Mutter,*
> *und du darfst mich haben als dein Kind*
> *(als deinen Sohn, als deine Tochter).*
> *Du bist für mich die Richtige, und ich bin dein richtiges Kind.*
> *Du bist die Große, ich der (die) Kleine.*
> *Du gibst, ich nehme.*
> *Liebe Mama!*
> *Ich freue mich, dass du den Papa genommen hast.*
> *Ihr beide seid für mich die Richtigen. Nur ihr!*

Bei Hellinger folgt der gleiche Text in Bezug auf den Vater. Beide Texte stehen am Abschluss eines therapeutischen Prozesses, mit dem schwierige Elternverhältnisse aufgearbeitet werden können.

(Gunthard Weber)

Gebete und Lieder

Probesitzen

Gott, heute habe ich mir einen Stillplatz eingerichtet,
am Fenster, mit schönem Blick nach draußen.
Ich habe Kissen gekauft, mit denen ich es mir bequem machen kann;
ein Bild habe ich aufgehängt
und ein Tischchen vom Dachboden geholt,
damit mein Tee und mein Buch auch einen Platz haben.
Da sitze ich jetzt, es ist schön geworden;
meinem Kind habe ich schon davon erzählt.
Es wird immer konkreter, Gott, das ist sehr aufregend.
Ich bin gespannt und manchmal ängstlich,
genervt manchmal und dann wieder fröhlich.
Aber dieser Platz ist ein Platz zum Ruhigwerden,
das merke ich schon.
Es scheint, ich habe ihn ganz in deiner Nähe eingerichtet.

Marlies Mittler-Holzem

Anknüpfen –
Sich wiederfinden

Psalm 131

G*ott*
mein Herz ist nicht überheblich,
und meine Augen sind nicht stolz,
und ich versuche mich nicht an Großtaten und für mich Wunderbarem.
Nein, ich habe meine Seele ausgerichtet und beruhigt;
wie ein gestilltes Kind bei seiner Mutter
wie ein gestilltes Kind in mir ist meine Seele.
Harre, Israel, auf Gott
von jetzt an und für alle Zeit.

Dass Gott wie ein Vater ist, wird uns von Kindheit an vermittelt. Das geht so weit, dass viele Menschen die Vorstellung haben, Gott sei ein alter Mann mit Bart. Diese Vorstellung engt Gott, die Gottheit, das Göttliche so ein, dass „er" als überflüssig erlebt wird. Was ist schon zu erwarten von einem alten Mann mit Bart?

Wir können von Gott nur in Bildern reden, wir brauchen die Bilder als Verstehenshilfen. Weil aber kein Bild Gott ganz fasst, weil Gott mehr ist als jedes Bild, deshalb ist es gut, die Wirkmöglichkeiten Gottes in vielen Bildern vor Augen zu stellen.

Gott kann mir nahe sein

- wie eine Quelle, wenn ich nach Leben dürste
- wie ein Fels, wenn ich Unterstützung brauche
- wie ein Feuer, wenn mir kalt ist
- wie eine Burg, wenn ich Angst habe
- wie ein Hirte, wenn ich nicht weiter weiß
- wie ein Vater, wenn ich Verlässlichkeit und Hilfe brauche
- wie eine Mutter, wenn ich Liebe und Trost brauche.

Diese Bilder sind keine Bilder von Gott, sondern sie beschreiben als Bilder unsere Erfahrungen mit Gott. Wer schlechte Erfahrungen mit Vater oder Mutter, mit dem Feuer oder einem Felsen gemacht hat, darf Gott in anderen Bildern erkennen.

Der 131. Psalm ist einer der Bibeltexte, in denen uns Gott durch das Bild einer Mutter näher gebracht wird. Vielleicht stammt er von einer Frau, die gerade ihr Kind stillte. Diese Frau weiß: Das Lebens-Wichtige – Nahrung (auch geistige und geistliche), emotionale Sicherheit, Gehalten-Sein – kann sich niemand selbst geben. Die Beterin erkennt sich in der Erfahrung ihres soeben gestillten Kindes: Ich habe alles bekommen, was ich brauchte. Und sie verfestigt diese Erfahrung zu einer Seelenhaltung: Ich brauche mich nicht ständig anzustrengen und zu überfordern; ich bekomme das Lebens-Wichtige von Gott.

Doch auch das Bild von Gott als Mutter ist nur eine menschliche Annäherung, in der Gott nicht vollkommen aufgeht: „Zion sagt: ‚Gott hat mich verlassen, Gott hat mich vergessen.' Kann denn eine Frau ihren Säugling vergessen, dass sie sich nicht erbarmte über das Kind ihres Leibes? Aber selbst wenn sie es vergessen würde, ich aber, ich vergesse dich nicht, spricht Gott." (Jesaja 49,14f)

Bewegen – Besprechen

Die Geburtsanzeige vorbereiten

Wer es schafft, kürzer zu treten, hat jetzt Zeit und Muße, die Geburtsanzeige vorzubereiten. Nützlich ist es, jetzt schon eine Adressenliste zusammenzustellen. Mit Baby werden aus diesen Arbeiten schnell „lästige Pflichten", die zwischen Besuch, Baby und dem eigenen Ruhebedürfnis eingeschoben werden müssen; jetzt helfen sie, die Wartezeit zu gestalten.

Die Gestaltung der Anzeige

Viele Eltern machen durch Schwangerschaft, Geburt und das neue Baby intensive religiöse Erfahrungen: Sie erleben sich eingebunden in einen größeren Lebenszusammenhang; sie merken, dass ihnen mit diesem neuen Menschen mehr geschenkt worden ist, als sie „machen" konnten; sie begreifen das harmonische Ineinandergreifen der verschiedenen Abläufe während Schwangerschaft und Geburt als Wunder, und sie ahnen, dass sie allein überfordert sein werden mit der Verantwortung für dieses kleine Wunder-Wesen. Manche Eltern möchten diese Gedanken in der Geburtsanzeige ausdrücken. Dazu bieten sich an:

- ein Segensgebet, unter das die Eltern den Lebensweg des Kindes stellen wollen:
  „Gott segne dich und behüte dich. Gott lasse sein Angesicht über dir leuchten und sei dir gnädig. Gott wende sein Angesicht dir zu und schenke dir Heil." (Numeri 6,24-26)
- ein kurzer Text aus der Bibel:
  „Aus dem Mund von Kindern und Säuglingen verschaffst du dir Lob" (Psalm 8,3)
  „Ich will dir danken, Gott, aus ganzem Herzen, verkünden will ich deine Wunder" (Psalm 9,2)
  „Du sollst ein Segen sein" (Genesis 12,2)
  „Kinder sind eine Gabe Gottes" (Psalm 127,3)
- ein Satz des Namenspatrons oder der Namenspatronin, auf den frau bei der Suche nach einem Namen gestoßen ist

- ein Satz, der Dankbarkeit ausdrückt:
„Wir sind dankbar über die glückliche Geburt unseres Kindes"
Das Stöbern in Geburtsanzeigen, die Freunde geschickt haben, das Suchen in Büchern, das Blättern in der Bibel, aber auch das Schreiben eines eigenen kleinen Textes inspirieren für die Gestaltung der eigenen Anzeige.

Platz für das Baby

Falls die Babysachen noch in Kisten lagern oder unausgepackt in Plastiktüten, sollten sie jetzt ausgepackt, gewaschen und an die passende Stelle geräumt werden. Spaß macht es auch, die Orte für das Baby liebevoll zu gestalten: Über die Wiege oder das Bett kann ein Mobile gehängt werden, das Babyzimmer, falls es schon eins gibt, oder die Wand neben dem Bett kann mit einem Bild geschmückt werden. Wichtig ist natürlich auch die Gestaltung des Wickelplatzes, denn dort verbringt das Neugeborene anfangs viel Zeit.
Und wo soll das Baby gestillt werden oder seine Flasche bekommen? Falls es dafür noch keinen bequemen Sessel oder Lehnstuhl gibt, kann frau jetzt einen schönen Ort in der Wohnung gestalten. Auch ein Stillkissen kann gute Dienste leisten, um sich während der Stillzeiten auf verschiedensten Plätzen zu entspannen.

Ein süßes Früchtchen der Liebe – Gefühle werden Mensch

Für Paare, denen mit Schwangerschaft und Geburt ein großer Wunsch in Erfüllung geht, ist das – auch zutiefst in den biologischen Fakten – ein großes Wunder. Ihre Gefühle, ihre Zuneigung füreinander, ihre Liebe werden Mensch. Schwangerschaft und Geburt können – vor allem beim ersten Kind – zu einer neuen Verdichtung der Partnerschaft werden.
Das Kind ist etwas Gemeinsames, das gleichzeitig wieder Gemeinschaft stiftet, wenn es die Eltern anstrahlt, wenn sie sich über sein Bettchen beugen, wenn sie die Nächte mit Zahnungsschmerzen gemeinsam durchstehen.
Durch das Kind bekommt der Partner oder die Partnerin neue Facetten. Ihn als Vater oder sie als Mutter zu erleben, kann die Bewunderung füreinander vergrößern und die Liebe bereichern.
Im Wunder Mensch wächst nicht nur ein neues Lebewesen heran; die Umgebung, vor allem die Eltern, wächst und verändert sich auch. Schön, wenn Paare in der Schwangerschaft und auch danach sagen können: „Du bist ein süßes Früchtchen unserer Liebe."

Freude, Ängste, Ungeduld –
Warten auf die Geburt

10. Monat

37.–40. Woche

Empfinden –
Wahrnehmen

Der Geburtstermin rückt näher

Die wenigsten Kinder werden am errechneten Termin geboren. Von zwei Wochen vor dem Termin bis zwei Wochen nach dem Termin ist alles „normal". Trotzdem merken die meisten Frauen spätestens dann, wenn der Termin verstrichen ist, dass sie innerlich mit ihm „gerechnet" haben. Ab jetzt gilt es, in einer anstrengenden Spannung zu leben:

Einerseits muss frau für die Geburt bereit sein. Die Tasche für den Krankenhausaufenthalt sollte gepackt sein, die geplante Hausgeburt vorbereitet sein. Ab jetzt muss bereitstehen, wer das ältere Kind oder die älteren Kinder übernimmt, wenn „es" losgeht. Auch kann der Partner oder die Vertrauensperson, die bei der Geburt dabei sein soll, nur noch kleine Entfernungen zurücklegen. Die Hebamme hat zwei Wochen vor der Geburt Rufbereitschaft.

Andererseits muss die Geburt er-wartet werden. Die Erkundigungen von Familie und Bekannten, wann denn „Termin" ist, werden häufiger. Aber der tatsächliche Termin ist im Voraus nicht festzulegen. In den siebziger Jahren gab es einen „Trend" zu geplanten Geburten. Man versprach sich davon eine bessere Auslastung der Krankenhäuser und die weitgehende Vermeidung von Wochenend- und Nachtarbeit. Für Mütter und Kinder waren diese künstlich eingeleiteten Geburten jedoch meist sehr viel schmerzhafter und anstrengender. Heute werden Geburten nur noch eingeleitet, wenn die Versorgung des Kindes im Mutterleib nicht mehr optimal ist.

Die „spontane" Geburt wird wahrscheinlich durch einen Prozess im Gehirn des Kindes ausgelöst. Eltern erleben mit dem Warten auf die Geburt, dass nicht mehr nur sie ihr Leben planen. Ab jetzt gilt es, auch die Bedürfnisse des Kindes zu berücksichtigen und einzuplanen.

Eine Übung in Gelassenheit

Dieses Warten auf die Geburt kann zu einer Übung werden für eine Haltung, die Eltern im Umgang mit kleinen Kindern immer brauchen: Die Bereitschaft, sich unterbrechen zu lassen. Die Frage ist: Wie nutze ich die Zeit, in der mich mein Kind nicht braucht, sinnvoll, und bin dennoch sofort bereit, mich auf das Kind einzustellen, wenn es mich braucht. Je kleiner und bedürftiger das Kind ist, umso schneller müssen Eltern diesen Wechsel vollziehen, weg von der eigenen Tätigkeit hin zu dem, was für das Kind nötig ist.

Sorgen und Ängste

Bei Eltern, die schon ein oder mehrere Kinder haben, führt dieses unbedingte Gefordertsein durch einen Säugling schnell zu der Sorge, wie es mit dem Baby möglich sein wird, sowohl seinen als auch den Ansprüchen der anderen Kinder gerecht zu werden. Dies umso mehr, je kleiner das andere Kind ist.
Vielleicht stellt sich jetzt auch manchmal Angst vor der Geburt ein: Wer zum ersten Mal entbindet, kann nicht einschätzen, wie die bevorstehende Geburt sein wird. Erzählungen und die Übungen im Geburtsvorbereitungskurs lassen immerhin erahnen, dass Schmerzen besonderer Intensität kommen werden. Fragen kommen:
- Wie werde ich das schaffen?
- Kann ich unter der Geburt die erlernten Übungen anwenden?
- Was ist, wenn ich die Kontrolle verliere?

Die Ängste einer Frau, die schon entbunden hat, sind konkreter:
- Schaffe ich es ins Krankenhaus?
- Klappt die Unterbringung der anderen Kinder?
- Wird es wieder sein wie damals – anstrengend, langwierig, kräftezehrend, kompliziert, bedrohlich, ...?
- Mich verlässt der Mut vor dieser Aufgabe.
- Wird es auch diesmal einen Dammschnitt geben?
- Wird noch einmal alles gut gehen?

Oft sind es die Hebammen, mit denen ein gutes und ermutigendes Gespräch über diese Ängste möglich ist.

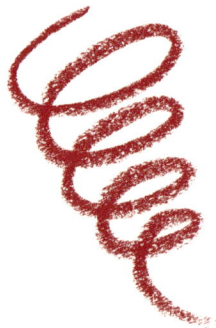

Ausdrücken – Vertiefen

Monatstisch

Auf den Monatstisch passen in diesem Monat:
- die gepackte Tasche als ein Zeichen für das Bereit-Sein und das Warten-Müssen
- Bilder von den anderen Kindern, als sie frisch geboren waren

Übungen

Zeit ist Gefühlssache, eine Frage der Einstellung

Entweder so:

Die Tasche ist gepackt, die erste „Behausung" für das Kind fertig, Babyfell und Spieluhr liegen bereit. Es gibt nichts mehr vorzubereiten. Jetzt ist auch schon der Geburtstermin verstrichen.

Und es tut sich nichts.

Die Ärztin sagt, es braucht noch Zeit.

Ich weiß gar nicht, was ich machen soll.

Es lohnt sich nicht, irgendetwas anzufangen; vielleicht geht es ja doch bald los.

Ich bin gereizt und genervt.

Alle, die anrufen, fertige ich kurz ab.

Und wenn niemand anruft, fühle ich mich allein.

Das Warten macht mich verrückt.

Oder so:

Alle Vorbereitungen sind getan. Alles ist bereit, unser Kind kann kommen.

Dieses Mal bin ich nicht auf die letzte Minute fertig.

Ich habe noch Zeit.

Ein erstes Geschenk meines Kindes, das offenbar noch nicht reif ist für die Geburt.

Ich kann noch etwas tun, das ich gar nicht geplant hatte: einen schönen Spaziergang, einen Stadtbummel, ich kann eine Freundin besuchen, einen langen Brief schreiben, ein dickes Buch lesen...

Ich kann, ich kann, ich kann.

Jetzt genieße ich es noch – wer weiß, vielleicht ist hinterher die Zeit oft knapp?

Die Zeit ist die gleiche. Sicher kann es auch nicht immer gelingen, etwas als schwierig Empfundenes für sich selbst ins Positive zu wenden. Manchmal kann es aber gut tun, die Perspektive zu wechseln, eine „andere Brille" aufzusetzen und zu schauen, worin ein Vorteil dessen liegen könnte, was ich spontan als negativ empfinde.

Rituale

Meditation: Entbinden – Loslassen
Die Entbindung steht bevor.
Ent-binden: Was ist das eigentlich?
Eine Bindung wird beendet.
Das Kind, das bisher zum Überleben auf mich angewiesen war –
jetzt kann es allein leben.
Neun Monate war mein Leib sein Zuhause,
ab jetzt lebt es wie ich in der Welt.
Die Ent-Bindung ist der erste Schritt auf getrennten Wegen.
Viele weitere Ent-Bindungen werden kommen
- *wenn ich ohne Kind weggehe*
- *wenn das Kind in den Kindergarten kommt*
- *wenn es allein Einkaufen geht*
- *wenn es sich selbst Freunde und Freundinnen sucht*
- *wenn es auszieht*
- *wenn es eine eigene Lebensform sucht.*
Ent-Binden tut weh.
Loslassen macht einsam – im ersten Moment.
Solange, bis ich merke, dass das Loslassen eine frei geschenkte Zuneigung erst möglich macht.
Marlies Mittler-Holzem

Das Kind locken: Davon erzählen, wie es „draußen" aussieht

Mindestens einmal am Tag erzähle ich dem Kind davon, wie schön die Welt ist:
- die Wohnung, in der schon ein Platz für es eingerichtet ist
- der Garten oder ein Park, in dem ich gern sitze
- der Ort, in dem wir leben
- unsere Welt: Wetter, Jahreszeit, Berge, Landschaft

Marc Chagall, Die Geburt, 1911

Ich locke das Kind und sage ihm:
Komm heraus, die Welt wartet auf dich. Alle sind gespannt, wie du bist, wie du dich
anfühlst, wie du aussiehst, wie du schreist. Komm in unsere Arme.

Wie dieses Kind wohl sein wird?
Wie es wohl aussehen mag – unser Kind:
Wird es groß sein oder eher klein?
Ob es jemand ähnelt, den anderen Geschwistern,
einem Elternteil, wie er als Säugling ausgesehen hat?
Ob es gesund sein wird?
Wird es lebhaft sein oder ruhig,
wird es viel schreien oder „pflegeleicht" sein?
Ob es nachts schlafen wird?
Ob es gierig trinken wird oder langsam?
Wie wird es seinen Weg gehen, unser Kind:
selbstbewusst oder schüchtern?
Wird es Freunde und Freundinnen finden?
Wird es mich viel oder weniger brauchen,
meine Hilfe, meine Unterstützung, meine Aufmerksamkeit?
Ob wir uns viele Sorgen werden machen müssen um dieses Kind?
Wenn es erwachsen ist, dieses Kind:
Werden wir einen guten Kontakt haben, liebevoll und ehrlich?
Wie wird das sein, wenn wir stolz sind auf unser Kind?
Wie wirst du sein, Kind?

Gebete und Lieder

Warten
Ich warte, Gott!
Die Zeit dehnt sich wie Gummi – und nichts passiert.
Das Kind ist noch nicht einmal nach unten gerutscht.
Die Hebamme sagt, das Kind hat noch Zeit.
Aber ich, Gott, ich habe keine Zeit mehr.
Der dicke Bauch macht mich immer träger.
Schlafen kann ich auch nicht, ich wälze mich nur im Bett.
Nun warte ich schon so lange, Gott.
Wie lange denn noch?
Marlies Mittler-Holzem

Angst

Ich habe einfach Angst, Gott.

Das mag ich niemandem sagen.

So viele Frauen vor mir haben schon ein Kind bekommen.

Da werde ich das auch schaffen, denken alle.

Ich habe manchmal Angst:

Was passiert da mit mir?

Wird das Kind gesund sein?

Gut, dass ich wenigstens dir davon erzählen kann. Amen.

Marlies Mittler-Holzem

Ich warte auf dich

Text und Musik: Marlies Mittler-Holzem

Ich war - te auf dich, ich freu' mich auf

dich, auf un - ser ge - mein - sa - mes Le - ben.

Anknüpfen –
sich wiederfinden

Kinder sind Vorbilder für Gottes Idee vom Leben

Wieder einmal streiten sich die Jünger um die Maßstäbe für ein gelungenes Leben. Deshalb fragen sie Jesus:

Wie muss ich leben, damit mein Leben vor Gott Bestand hat?" Da holt Jesus ein kleines Kind, stellt es in ihre Mitte und sagt: „Wenn ihr nicht umkehrt und wie die Kinder werdet, habt ihr in Gottes Augen nichts gewonnen. Wer so klein sein kann wie dieses Kind, der ist nach Gottes Maßstäben der Größte. Und wer ein solches Kind um meinetwillen aufnimmt, der nimmt mich auf."

(Genau erzählt ist die Geschichte im Matthäus-Evangelium, Kapitel 18, Verse 1-5.)

Werden wie die Kinder?

Vermutlich war der Text damals genauso ärgerlich wie heute. „Wenn ihr nicht werdet wie die Kinder..." Bei uns jedenfalls hat der Satz „Er oder sie benimmt sich wie ein Kind" eine eher negative Bedeutung von „macht, was er oder sie will", „handelt verantwortungslos", „ist launisch". Das kann nicht gemeint sein. Warum taugen Kinder als Vorbilder?

Kleine Kinder sind offen und unvoreingenommen; sie begegnen neuen Menschen mit Neugier. Sie sind entdeckungsfreudig und begeisterungsfähig; sie wägen nicht ständig ab, ob sich etwas lohnt, ob der Aufwand im Verhältnis zum Ertrag steht, ob nicht doch alles so bleibt, wie es ist. Sie schenken ein Lächeln, ihre Zuneigung, ihre Freude ohne Hintergedanken.

Was sie aber wirklich groß macht, ist das Wissen um ihre Abhängigkeit. Auch wenn sie darauf bestehen, bestimmte Dinge „allein" zu machen, wissen sie genau, dass sie „allein" nicht leben können, dass sie Zuwendung und die Dinge des Alltags brauchen – und dieses Wissen um ihre Abhängigkeit ist in den Augen der Kinder nichts Schlechtes.

„Ein Kind um meinetwillen aufnehmen"?

Der letzte Satz eröffnet ein weiteres Thema: Er könnte die Entfaltung des Abhängigkeitsgedankens zeigen: Weil Kinder abhängig sind, erhalten diejenigen eine hohe Bedeutung, die Kinder „aufnehmen", die mit Kindern leben. Wer das tut, so der Text, „nimmt mich – Jesus – auf." Wer mit einem Kind zusammenlebt, lebt mit dem menschgewordenen Gott zusammen, dessen Mitte Offenheit, Unvoreingenommenheit, Arglosigkeit und das Wissen um Abhängigkeit von anderen ist.

Allerdings mit einer Einschränkung: Er-leben kann das nur, wer ein Kind „um meinetwillen" aufnimmt:

Wo ein Kind „um der Eltern willen" lebt, der Erfüllung der Eltern dient, wo es den Ansprüchen der Eltern gerecht werden muss, da kann die Liebe Gottes nicht durch das Kind scheinen, da werden die guten Gaben verbogen.

Ob im Text bewusst nicht steht: „Wer ein Kind um seinetwillen aufnimmt"? Ist das nicht das Größte, sich ganz an dem Kind und seinen Bedürfnissen zu orientieren? Oder wird es dadurch selbst zum Größten, zu einem Gott, dem alle dienen?

Ein Kind um Gottes Willen aufnehmen könnte bedeuten, zweckfrei dem Leben Raum zu geben – wie auch immer dieses Leben ausfällt, wie auch immer sich dieses Kind entwickelt.

Es kann spannend sein, darüber mit dem Partner, mit Freundinnen und Freunden, mit Familien ins Gespräch zu kommen: Warum will ich mit Kindern zusammenleben?

Bewegen – Besprechen

Sich selbst treu bleiben als Vater und Mutter

Die Geburt des ersten Kindes macht Frauen zu Müttern und Männer zu Vätern, das ist banal. Weniger banal ist die Frage, wie dieses Mutter- oder Vatersein sich einfügt in mein bisheriges Frau- oder Mannsein. Etwas zugespitzter: Werde ich noch dieselbe oder derselbe sein? Muss ein Teil von mir in den Hintergrund treten, um

Platz zu machen für Mütterlichkeit oder Väterlichkeit? Schließlich ist diese Rolle mit einer weit reichenden Verantwortung verbunden, so wie bisher wohl noch keine im Leben.

Wie weit solche Fragen beunruhigen, hängt davon ab, welche Mutter- und Vaterbilder wir haben. Wer mit „Mutter" vor allem eine „treu sorgende Glucke" verbindet, hat mehr Schwierigkeiten mit dem eigenen Mutterwerden als eine Frau, die dabei an eine unkomplizierte, fröhliche und sozial engagierte Frau denkt. Wer mit „Vater" vor allem Abwesenheit und Ungestört-sein-Wollen am Abend verbindet, hat mehr Schwierigkeiten als ein Mann, der mit demselben Wort Gute-Nacht-Geschichten und Sandburgen-Bauen verbindet.

Unsere Vater- und Mutterbilder wiederum sind am deutlichsten geprägt durch unsere Eltern, dann auch durch andere Eltern, die wir häufig erlebt haben, vielleicht Tanten und Onkel, vielleicht Eltern von Freunden und Freundinnen oder Nachbarn.

Wie weit wir uns von unseren Prägungen beherrschen lassen, hängt zu einem großen Teil von uns selbst ab. Deshalb ist es vielleicht hilfreich, sich schon vor der Geburt Gedanken zur Mutter- und Vaterrolle zu machen und sie miteinander zu besprechen:

- Wie stelle ich mir mich als Mutter oder Vater vor?
- Wie stelle ich mir den Partner als Vater oder die Partnerin als Mutter vor?
- Wo liegen meine, wo deine Stärken im Umgang mit Kindern?
- Was traue ich mir, was dir nicht zu?
- Wo ergänzen wir uns?
- Mit welcher Eigenschaft habe ich Schwierigkeiten, wenn ich sie an mir als Mutter oder an dir als Vater bemerken würde?

Zu dem, was ich bisher gelebt habe, kommt eine neue und zeitaufwändige Rolle hinzu. Sie kommt aber nicht von außen auf mich zu als fest umrissener Standard, sondern ich werde sie füllen und leben mit allem, was mich bisher geprägt und was ich bisher gelebt habe.

Wie kann ich, wie können wir dafür sorgen, dass die neue Rolle nicht alles, was bisher wichtig war, an den Rand drängt? Auch darüber lohnt es sich zu reden:

- Welche meiner Aktivitäten liegt mir besonders am Herzen, und wie viel Zeit braucht sie?
- Welche Dinge sind mir nicht so wichtig und können erst einmal in den Hintergrund treten?
- Wie können wir uns gegenseitig unterstützen bei dem, was uns jeweils besonders am Herzen liegt?

Wenn das Gespräch gut verläuft, können Vereinbarungen getroffen werden über die Dinge, die beiden wichtig sind. Beide können sich gegenseitig Unterstützung zusagen für das, was dem Partner besonders am Herzen liegt. Er kann sagen: „Du sollst wissen, dass es mir viel bedeutet, wenn du weiterhin Zeit für diese Sache hast. Ich will dafür sorgen, dass das geht." Sie kann ihm für sein Anliegen dasselbe zusagen.

In der Frage nach der Zeit, die Vater oder Mutter dem Kind einräumen, kann viel Zündstoff liegen. Wenn keine Zeit eingeräumt wird, auch durch gemeinsame Absprachen, droht eine Auseinandersetzung nach Art des Kampfes um die zu kurze Bettdecke. Alle ziehen an verschiedenen Enden, aber niemandem wird warm.

Anfangs braucht das Kind viel Zeit – egal, ob wir sie bereitwillig zur Verfügung stellen oder ob wir sie uns abringen. Wo es möglich ist, lohnt es sich, die Anfangszeit als gemeinsame „Auszeit" zu nehmen: Wer arbeitet, nimmt Urlaub. Termine und Besuche werden auf das Nötige und Gewünschte begrenzt, Verabredungen treffen beide nur spontan, wenn alles gut läuft. In dieser Zeit können die neuen Eltern herausfinden, wie viel und welche Zeit ihr Kind braucht:

- Wie lange braucht es zum Trinken?
- Wie oft braucht es eine Stillzeit?
- Kann es trinken, wenn es laut und unruhig ist?
- Wie oft kommt das Kind nachts, wie lange ist es dann wach? Wie erholungsbedürftig sind wir dadurch?
- Kann es überall schlafen, oder braucht es feste Zeiten und seine gewohnte Umgebung?
- Gelingt es anderen, das Kind zu beruhigen? Nimmt es zur Überbrückung einen Schnuller?

Je besser Eltern die „Not-Wendigkeiten" ihres neugeborenen Kindes verstehen, desto eher ist es für sie möglich, sich wieder Freiräume zu verschaffen. Wer weiß, dass das Kind normalerweise drei Stunden zwischen zwei Mahlzeiten zufrieden ist und auch mal eine halbe Stunde mit Schnuller getröstet werden kann, kann gut allein das Haus verlassen und Oma, Opa oder Freundin das Kind anvertrauen. Wer weiß, dass das Kind bei größerem Lärm irritiert ist und nicht einschlafen kann, muss überlegen, ob ein Fetenbesuch mit der ganzen Familie eine gute Idee ist.

Es klingt paradox, aber je besser die Eltern in der Lage sind, die Bedürfnisse ihres Kindes einzuplanen und nicht ständig von ihnen überrascht werden, desto mehr Freiräume können sie sich nehmen. Je genauer die Partner voneinander wissen, was ihnen wichtig ist, desto eher vermeiden sie Pannen bei der wechselseitigen Freistellung vom Baby. Vielleicht lohnt es sich, nach einiger Zeit noch einmal „Zeitkuchen" (siehe

Seite 106) zu malen. Langfristig zufrieden werden beide Partner nur sein, wenn Zeit für das Kind in beiden Zeitkuchen vorkommt.

Sich Hilfe holen – jemanden um Hilfe bitten

Gerade Eltern, die schon ein oder mehrere, vielleicht noch kleine Kinder haben, werden sich fragen, wie sie zusätzlich dem neuen Kind gerecht werden können. Aber auch beruflich angestrengte Situationen eines Elternteils oder anstrengende Neugeborene können dazu führen, dass sich die Eltern überfordert fühlen. Wo nicht mehrere Generationen unter einem Dach oder nah beieinander wohnen, fehlen meist Menschen, die von sich aus mit anpacken.

In dieser Situation sind viele junge Familien. Da kann es helfen, sich schon früh danach umzuschauen, ob in der Gegend andere junge Familien wohnen, die entlasten können. Entlastend kann schon sein, dass ich einer anderen Mutter vorjammern kann, wie müde ich nach drei durchwachten Nächten bin. Entlastend kann auch sein, mein älteres Kind bei einer befreundeten Familie lassen zu können, wenn das jüngere zu einer langwierigen Untersuchung muss. Das ist Hilfe auf Gegenseitigkeit und insofern für wenige Menschen ein Problem.

Doch kann ich auch Hilfe suchen, wenn ich selbst nichts anzubieten habe? Kann ich eine Nachbarin mit großen Kindern oder einen kinderlosen Freund bitten, auf die Kinder aufzupassen? Kann ich das Angebot des Patenonkels annehmen, der regelmäßig einmal im Monat einen Samstag mit seinem Patenkind verbringen will, ohne dass ich Hilfe im Tausch anzubieten habe? Zur Zeit gilt es in unserer Gesellschaft als hohes Ideal, allein zurechtzukommen, es selbst zu schaffen, das Leben zu meistern. Dieses Ideal geht davon aus, dass alle „ihres Glückes Schmied" sind und ähnliche Chancen im Leben haben. Wer Kinder hat, muss sich eben überlegen, wie das Leben mit Kindern gehen kann.

Die Kinder können uns ein anderes Lebensmodell lehren: Sie sind eine lange Zeit völlig bedürftig, völlig abhängig. Sie sind total auf Hilfe und Unterstützung angewiesen. Je größer sie werden, desto mehr können sie selbst unterstützen und helfen. Geben und Nehmen müsste also langfristiger gedacht werden: Ich brauche jetzt Hilfe und kann bei einer anderen, späteren Gelegenheit einem anderen Menschen selbst Hilfe sein. Wer das im Kopf hat, kann leichter um Hilfe bitten und Hilfe annehmen, weil sie jetzt nötig ist.

Das Baby ist da

Die Geburt und
die ersten Tage danach

Erste Schritte ins Leben
mit unserem Kind

Unser Kind ist behindert

Unser Kind ist tot

Wir feiern unser Kind
und unsere neue Beziehung

Die Geburt
und die ersten Tage danach

Endlich geht es los. Nach Monaten der gedanklichen und körperlichen Vorbereitungen kommt das „Projekt Schwangerschaft" zu seinem Endpunkt: der Geburt. Hat bisher vielleicht noch die Angst vor der Geburt die Oberhand gehabt, wächst jetzt das Gefühl, dass es genug ist und dass sich das Kind endlich zeigen soll.
Jetzt macht sich gute Vorbereitung bezahlt:

- Der Partner und die Hebamme sind erreichbar; die Nummern hängen zentral in der Wohnung.
- Die Tasche für das Krankenhaus ist gepackt oder das Geburtszimmer vorbereitet.
- Auch die Betreuungsperson für die älteren Kinder ist in „Rufbereitschaft".
- Die Strecke zum Krankenhaus ist bekannt.
- Die Zuständigkeiten sind geklärt: Kommt die Hebamme nach Hause, kommt sie vor der Fahrt ins Krankenhaus vorbei, wer nimmt etwas zu essen und zu trinken mit?
- Am wichtigsten ist allerdings eine ausreichende mentale und körperliche Vorbereitung, wie sie in Geburtsvorbereitungskursen erlernt werden kann. Sie führt dazu, dass einerseits das Wissen über das Geburtsgeschehen vertieft wird und andererseits Techniken eingeübt werden, die der Schwangeren eine gute Mitarbeit bei der Geburt ermöglichen.

Neben dem biologischen und medizinischen Geschehen bei einer Geburt liegt die besondere psychische und geistliche Herausforderung für die Gebärende darin, eine gute Mischung aus Einwilligung in das Geschehen und aktiver Mitarbeit zu finden: Es gilt einerseits, so weit wie möglich einzustimmen in das, was jetzt geschehen wird. Die Schwangere bestimmt nicht, wann die Geburt beginnt, wie lange sie dauert, ob die Wehen stark sind oder schwächer, ob sie ein Schmerzmittel brauchen wird, ob irgendeine Art von Eingriff nötig sein wird. Je mehr sie aber einwilligen kann in die Geburt, wie sie sie gerade erlebt, desto mehr kann sie andererseits innerhalb dieser vorgegebenen Grenzen mitarbeiten. Einwilligen bedeutet nicht, die Geburt passiv zu erleiden, sondern offen zu sein für das, was gerade geschieht, und darauf zu reagieren.

„Ich habe durch die Geburten ein völlig anderes Bild von mir selbst bekommen. Ich fand mich vorher immer eher schwach, und ich war ziemlich wehleidig. Die Geburt hat mir gezeigt, welche Kraft in mir steckt, was ich aushalten kann, was ich aus mir rausholen kann, wenn's drauf ankommt. Das hat mein Bild von mir sehr verändert. Ich glaube, ich bin viel selbstbewusster geworden, was meine körperlichen und psychischen Fähigkeiten angeht."
(Felizitas Anders, 3 Kinder)

Einwilligen und gestalten – je nachdem, was gerade gefordert ist, machen die Geburt zu einer konzentrierten Lebensübung.

Die Geburt ist harte Arbeit. Grenzen der Erschöpfung, der Kraft und des Schmerzes werden nicht selten überschritten. Darüber sollte auch das Schlagwort von der „sanften Geburt" nicht hinwegtäuschen. Das Geburtsgeschehen fordert einen ganzen Einsatz – nicht nur der Schwangeren. Auch das Kind arbeitet hart, und wer unter der Geburt mal ein Auge auf die Hebamme werfen kann, wird feststellen, dass auch sie hart arbeiten muss. Bei einer Entbindung per Kaiserschnitt folgt die schwerste Arbeit zeitlich nach der Geburt, wenn trotz tiefer Wunde das Baby seine Rechte einfordert. Die Geburt ist – und bleibt – ein Wunder. Je mehr biologische Fakten über die Geburt bekannt werden, desto größer kann das Staunen darüber werden, wie genau die Abfolge aufeinander abgestimmt ist und wie zuverlässig alles ineinander greift.

Das Kind ist da

Ein großer Moment! Vielleicht liegt das Kind zwischen den Beinen der Mutter, oder die Hebamme hat es in Empfang genommen. Mutter und Kind sind noch durch die Nabelschnur verbunden. Wenn es dem Kind gut geht, gibt es keinen Grund, hastig abzunabeln. Erst einmal können sich alle in Ruhe betrachten. Wahrscheinlich wird das Kind wach sein und mit großen Augen schauen. Wenn es allen gut geht, kann erst einmal eine Pause gemacht werden. Das Baby muss nicht sofort untersucht, vermessen und angezogen werden. Es ist Zeit für Glückwünsche, Zeit für ein erstes Kennenlernen, Zeit für anfanghaftes Be-Greifen. Vielleicht mag das Baby auch schon ein bisschen nuckeln. Der ernste und aufmerksame Gesichtsausdruck vieler Babys direkt nach der Geburt ist etwas sehr Ergreifendes.
Nicht immer geht es so ruhig zu; manchmal ist Eile geboten, weil Mutter oder Kind medizinisch nachversorgt werden müssen. Dramatischer wird es noch, wenn das Kind in den Inkubator muss oder wenn es in die Kinderklinik gebracht werden muss. Auch für die Zeit nach der Geburt ist es also wichtig, nicht zu feste Vorstellungen davon zu haben, wie es sein wird, um nicht mit unnötigen Enttäuschungen kämpfen zu müssen.
Nach der Versorgung von Mutter und Kind gibt es hoffentlich ein ruhiges Eckchen, wo die kleine Familie sich ganz in Ruhe gegenseitig bestaunen kann. Dann kann es Zeit werden, ein paar liebe Menschen anzurufen. Und je nachdem, wann vor der Entbindung die letzte Mahlzeit war, kommt auf einmal bei den Beteiligten Bärenhunger auf.

Die Tage nach der Geburt

Schlingernde Gefühle

Die Zeit nach der Geburt ist eine Achterbahn von Gefühlen; das hat einerseits körperliche und andererseits seelische Ursachen.

Der Körper ist mit der Rückbildung beschäftigt: Die Blutmenge geht auf das Normalmaß zurück, die Gebärmutter beginnt sich zusammenzuziehen, die Milchproduktion wird angeregt, die Schwangerschaftshormone werden nicht mehr produziert. Vielleicht sorgt eine Dammnaht, ein Bluterguss oder auch die Kaiserschnittnarbe dafür, dass die Beweglichkeit eingeschränkt ist und Schmerzen verursacht.

Viele neue Erfahrungen sind seelisch zu verarbeiten: Das Geburtserlebnis mit seinen Höhen und Tiefen, seinen Wundern und seinen Überraschungen, das Sehen und Erleben des Neugeborenen, die Unsicherheit mit dem Kind, der „leere" Bauch. Beim ersten Kind wird das Stillen manchmal als eher unangenehm empfunden – vielleicht eine Enttäuschung.

Um all dies zu verarbeiten, brauchen die Beteiligten viel Zeit und Geduld. Darum ist es gut, schon in der Schwangerschaft diese ersten Tage nach der Geburt als eine Auszeit, eine besondere Zeit zu planen. Das ist vor allem dann wichtig, wenn Mutter und Kind nach der Geburt zu Hause sind. Jetzt ist nur von Belang, was für die beiden, dann aber auch für die ganze Familie nötig und gut ist.

Besuch – eine Bühne für das Baby

Alle wollen „es" sehen, und die meisten frischen Eltern wollen „es" auch stolz präsentieren: Großeltern, Geschwister, Freundinnen und Freunden – alle sollen das Baby bewundern und ihm Gutes wünschen.

Sind Mutter und Kind im Krankenhaus, machen die Besucher auch eher einen „Krankenbesuch": eine halbe Stunde, unbequeme Stühle oder Bettkante, keine Bewirtung. Schwierig kann es werden, wenn es keine Pausen gibt und daher wenig ruhige Zeit für Mutter und Baby.

Sind Mutter und Kind zu Hause, geraten alle schnell in eine „Anspruchs-Falle". Der Besuch würde zu einem Kaffee nicht „nein" sagen, und die Mutter findet sich unhöflich oder ungastlich, wenn sie keinen anbietet. Eine Möglichkeit ist, den Besuch von vornherein zu „dosieren": Großeltern und einige „Auserwählte" dürfen kommen, die anderen werden auf später vertröstet. Eine andere Möglichkeit sind klare Vorsätze: Mutter und Kind werden verwöhnt; wenn es „Bewirtung" gibt, dann nur durch andere; Mutter und Kind können sich jederzeit zurückziehen; Gäste, die sich zu wohl fühlen, dürfen höflich zum Gehen aufgefordert werden.

Egon Schiele, Stillende Mutter (Stephanie Grünwald), 1917

Babyhysterie

Für Kinder, die gerade ein Geschwisterkind bekommen haben, kann es schwer auszuhalten sein, in welchem Maß die erste Aufmerksamkeit aller Erwachsenen, ob Eltern, Besuch oder Leute auf der Straße, sich nun dem Baby zuwendet. Alle wollen zuerst das Baby sehen, alle sagen „Oh, wie süß", und auch die Geschwister werden nur über das Baby befragt: „Gefällt dir dein neuer Bruder, deine neue Schwester?" Vielleicht ist es möglich, schon vor der Geburt liebe Menschen zu bitten, dem oder den „großen" Kindern ein hohes Maß an Aufmerksamkeit zu schenken. Das Baby vermisst nichts, und die anderen Kinder erhalten nicht das Gefühl, an den Rand abgedrängt zu werden.

Ein Exkurs für liebende Männer:
Liebe ist ... es so zu machen, wie sie es machen würde

Für viele Frauen ist es schwierig, sich zu erholen und sich auszuruhen, wenn sie zu Hause sind. Wenn schon andere Kinder im Haus sind, schaut aus jeder Ecke Arbeit und Unordnung. Viele Männer sichern ihrer Frau vor der Geburt Unterstützung zu für die erste anstrengende Zeit nach der Geburt. Sie möchten, dass ihre Frau sich erholen kann. Und dann sind drei bis fünf Tage vergangen, und frau findet sich vor der Waschmaschine wieder, inmitten eines Wäschebergs, aus dem gut sieben volle Waschmaschinenladungen werden können. Sie ist erschöpft und ärgerlich, dass sie sich nicht ausruhen kann – er zieht sich zurück und ist wütend, dass sie sich ständig einmischen muss.

Wir meinen, nach der Geburt ist keine Zeit für grundsätzliche Auseinandersetzungen über den Stil und die Aufteilung von Hausarbeit. Jetzt geht es nur darum, dass sich die Mutter von der Entbindung erholen kann. Das kann sie am besten, wenn sie sich in ihrer Umgebung wohl fühlt, wenn sie keinen Bedarf sieht, selbst Hand anzulegen. Er mag es für übertrieben halten, jede einzelne Tasse sofort in die Spülmaschine zu räumen, anstatt sie erst einmal auf der Arbeitsplatte abzustellen – wenn es ihr wichtig ist, sollte er es jetzt für sie tun.

Stillen – am Anfang gar nicht so einfach

Wer stillen möchte, wird vielleicht am Anfang enttäuscht sein, dass nicht alles von selbst „läuft". In den ersten Tagen produziert der Körper Vormilch, eine reichhaltige Kost, die dem Baby bei seiner „Nahrungsumstellung" hilft. Wenn diese durch das Stillen abgerufen wird, wird die Milchproduktion angeregt, sodass etwa ab dem dritten oder vierten Tag die Milch zur Verfügung steht. Der Milcheinschuss kann etwas schmerzen, und auch danach müssen sich „Nachfrage und Angebot" noch einspielen. Krankenschwestern und Hebammen unterstützen gern bei Anfangsschwierigkeiten.

Sie können Adressen nennen von Stillberaterinnen vor Ort (siehe auch Seite 218). Das Stillen – aber ebenso eine gute und souveräne Handhabung der Flaschennahrung – braucht Zeit und Ruhe und Gewöhnung.

Erholung – muss das sein?

Es gibt Frauen, denen geht es nach der Geburt schnell gut. Sie haben vielleicht keine Dammnaht, die Geburt hat nicht allzu lange gedauert, eventuell haben sie mit dem Stillen und der Pflege eines Babys schon Erfahrung. Und dann gibt es auch noch diesen Satz: „Früher sind die Frauen vom Feld zum Entbinden ins Haus gegangen und danach sofort wieder aufs Feld." Ist Erholung nach der Entbindung also nur eine Zivilisationskrankheit? Wir meinen, es lohnt sich, dem Körper eine Erholungspause zu gönnen. Einerseits aus biologischen Gründen: Der Körper muss ab jetzt wieder mit seinem normalen Blutvolumen auskommen, das sind 30 % weniger als in der Schwangerschaft. Diese Reduktion führt zu wirklicher – und nicht etwa eingebildeter – körperlicher Schwäche und schneller Erschöpfung. Auch die geleistete Geburtsarbeit wirkt nach und fordert nachträgliche Erholung. Der weitere Sinn einer Erholungszeit liegt aber auch in einem Kräfte-Sammeln für die Zukunft: Die nächste Zeit mit dem kleinen Baby wird anstrengend, sie fordert körperliche Kraft und geistige Ausdauer. Die Tage direkt nach der Geburt können ein Ruhepunkt zwischen den Anstrengungen der Schwangerschaft, der Geburt und den Anstrengungen der neuen Familienphase sein.

Babyblues

Bei einigen Frauen wirken sich die körperlichen Umstellungen so stark aus, dass ihnen am dritten oder vierten Tag nur zum Weinen ist. Sie fühlen sich schlapp, sie haben das Gefühl, überfordert zu sein, das Stillen klappt nicht, vielleicht haben sie Schmerzen – und die Welt sieht insgesamt düster aus. Dass es vielen Frauen so geht, lindert die individuellen Empfindungen, die eine Frau in diesem Moment spürt, nicht. Deshalb ist es auch kein Trost zu sagen: „Ach, das geht vielen so, das sind die Hormone." Partner und Familie können unterstützen, indem sie die Gefühle nicht wegreden, nicht kleiner machen, sondern der Schwangeren gestatten, die vorhandenen Gefühle in ihrer Schwere zu äußern. Auch die Hebamme ist eine gute „Adresse" für die Sorgen und Gefühle der Schwangeren. Selbst wenn sie an dem Tag vielleicht gar nicht zur Kontrolle kommen wollte, lässt sie sich sicher gern telefonisch erreichen. Falls sich Besuch angekündigt hatte, ist es gut, miteinander zu klären, ob das an diesem Tag sinnvoll ist oder ob der Besuch nicht besser verschoben werden sollte. Die Hebamme ist wahrscheinlich auch diejenige, die am ehesten entscheiden kann, ob der Babyblues in eine richtige Depression übergeht. Das kann sie allerdings nur, wenn sie von den wirklichen Gefühlen und Stimmungen erfährt. Anders als die Verwandtschaft hat die Hebamme viel Erfahrung mit den Schwierigkeiten rund ums Mutterwerden, mit den gemischten Gefühlen dem neuen kleinen Menschen gegenüber und mit den Erschöpfungen durch Geburt und häufige Schlafunterbrechungen.

Das Wunder zu verstehen suchen

Sicher ist es nicht immer möglich, die ersten Wochen gemeinsam zu verbringen. Auch wenn der Partner schneller wieder arbeiten muss, besteht vielleicht die Möglichkeit, die außerhäuslichen Verpflichtungen auf Sparflamme zu reduzieren, um viel Zeit miteinander verbringen zu können. Das ist auch ein Zeichen der Solidarität gegenüber der Frau, die in dieser ersten Zeit ihre eigenen Aktivitäten völlig einstellen muss. Diese Zeit kann helfen, das Wunder der Geburt und des neuen Menschenlebens zu verstehen und die Veränderung gemeinsam zu vollziehen.

„Mein Mann hat bei allen drei Geburten den Jahresurlaub genommen für die Zeit danach. So hatten wir viel Zeit miteinander und mit dem neuen Baby. Wir konnten uns aneinander gewöhnen, wir konnten über die gewaltigen Erlebnisse reden und uns einfach zusammensetzen und das Kind bestaunen. Ich war von allen wirklichen Arbeiten entlastet und konnte nach dieser Zeit erholt in den normalen Alltag starten."
(Felizitas Anders, 3 Kinder)

Zeit für Ruhe

Text: Gerhard Krombusch / Musik: Ludger Edelkötter

186

Erste Schritte
ins Leben mit unserem Kind

Jedes neugeborene Kind, ob es das erste, das zweite oder dritte ist, bringt enorme Veränderungen mit sich. Es macht aus einem Paar eine dreiköpfige Familie, aus einer Kleinfamilie ein Quartett, aus einem Quartett eine Großfamilie.

Diese Veränderungen sind mit vielerlei Gefühlen und Empfindungen verbunden: Freude und Glück, aber auch Ängste, Sorgen und Ernüchterungen. Diese Veränderungen bewirken Verunsicherungen. Die Eltern und die Geschwister müssen ihren bisherigen Status aufgeben und sich neu definieren: Die Frau wird zur Mutter, der Mann wird zum Vater, die berufstätige Ehefrau wird für eine bestimmte Zeit zur Hausfrau. Beim zweiten Kind wird das Einzelkind entthront und ist plötzlich Schwester oder Bruder.

Es ist, als ob ein neues Leben beginnen würde. Aber dies geht nicht Knall auf Fall, sondern braucht eine längere Zeit. Die acht Wochen Mutterschutz nach der Geburt, die der Staat eingerichtet hat und unterstützt, sind ein guter Zeitraum der Umstellung und der Umgewöhnung. Aber damit ist und muss es nicht vorbei sein. Es ist sehr individuell, wie lange es dauert, bis sich die neuen Beziehungen einspielen und sich alle so aneinander gewöhnt haben, dass sich ein Stück Alltagsnormalität einstellt. Jedes neugeborene Kind ist anders, jede Mutter ist verschieden, jeder Vater und jedes Geschwisterkind auch. Die ersten Wochen der neuen Familie sind nicht kalkulierbar. Eine Mutter weiß vorher nicht, wie dieses Kind sein wird, selbst wenn es ihr fünftes ist. Zumindest beim ersten Kind hat frau auch keine Ahnung, wie sie als Mutter sein wird und wie sie mit der neuen Situation zurechtkommt. Und so geht es allen anderen auch. Ein Kind zu bekommen ist und bleibt ein großes Abenteuer in einem unbekannten Land – vielleicht das größte Abenteuer im Leben.

Schutzengel für den Mutterschutz

Um die Zeit der Veränderung und des Umbruchs, ob sie nun acht Wochen oder länger oder kürzer dauert, gut zu bestehen, wollen wir uns Frauen Schutzengel zur Seite stellen. Sie mögen uns die Zeit erleichtern und mithelfen, dass sie nicht nur anstrengend und schwierig, sondern auch genussvoll und schön sein kann. Schutzengel sind Boten Gottes, die sich Gott selbst zu Hilfe nimmt, um seine Hilfe und seinen Beistand auf die Erde zu bringen und um dort wirken zu können, wo sie gebraucht werden.

Guido Reni, Engel der Verkündigung

Der Schutzengel der Geduld

Zunächst wünschen wir allen Frauen den Schutzengel der Geduld. Er soll uns davor schützen, ungeduldig zu werden und zu verzweifeln, und uns davor bewahren, nur übel gelaunt und missmutig durch die Tage zu schleichen.

Körperlich wieder zu Kräften zu kommen und Wunden wie den Dammschnitt heilen zu lassen, dauert eine Weile. Der Volksmund sagt, es dauert eine Schwangerschaft lang, also ebenfalls 10 Monate, bis sich der weibliche Körper von der Schwangerschaft und Geburt gänzlich erholt hat.

Bei vielen Frauen und Babys dauert es lange, bis sich das Stillen eingespielt hat. Eine gute Stillbeziehung muss manchmal hart erkämpft werden. Das kostet viel Mühe, und da kann frau schon mal die Geduld verlieren, vor allem, wenn niemand da ist, der oder die einer Mut macht.

Oder der Schlaf(un)rhythmus des Babys ist unter Umständen eine unendliche Geschichte und strapaziert die Nerven.

Auch die Liebe braucht Geduld. Das Kind wird nicht geboren, und dann liebt frau es. Die Liebe fällt nicht vom Himmel. Mutter und Kind sind zwei eigenständige, verschiedene Menschen, die sich wie in jeder menschlichen Beziehung erst aneinander gewöhnen müssen und die Liebe zueinander erst allmählich entdecken und vertiefen können.

Der Schutzengel der Geduld kann in brenzligen Situationen herbeigelockt werden und ist dann enorm hilfreich und entlastend. Zum Beispiel so:

- Wenn ich merke, ich werde ungeduldig, halte ich inne, atme tief ein und aus und ermuntere mich zur Geduld: Geduld, Geduld, langsam, mach langsam, ...
- Wenn ich mich bei meiner Ungeduld und bei meinem Hadern erwische, versuche ich, mich nicht darüber zu ärgern, sondern über mich zu lachen.
- Ich spreche ein innerliches Stoßgebet:

> „Am meisten machte mir mein Dammschnitt zu schaffen. Er ärgerte mich maßlos, weil ich mich an meiner intimsten Stelle versehrt fühlte. Ich dachte, das heilt nie, und ich würde nie mehr eine begehrenswerte Frau sein können. Ich hatte mir das anders vorgestellt. Dass nach der Geburt die Schmerzen weitergingen und so lange anhielten, fand ich gemein."
> *(Cleo Seidl, 1 Kind)*

> „Immer wieder schrie unser erstes Kind ... Aber was bedeutete es jeweils? Unsere Anspannung nahm zu, wenn wir unserem Kind anscheinend nicht helfen konnten. Und je angespannter und unruhiger oder gar hektischer wir wurden, um so mehr schrie unser Kind. Neben der Geduld brauchten wir eine innere Ruhe, die solche unklaren und angespannten Situationen aushalten ließ."
> *(Annette Ries, 3 Kinder)*

189

Um Geduld
Gott, schenke mir,
was ich jetzt brauche:
Geduld.
Gott, lass in mir wachsen,
was mir jetzt fehlt:
Geduld.
Gott, ungeduldig
flehe ich dich an:
um Geduld.
Christiane Bundschuh-Schramm

Der Schutzengel des Lassens

„Was, schon 11 Uhr, und ich laufe immer noch im Bademantel herum." – „Gleich kommt Peter nach Hause und ich habe noch nicht mal den Salat geputzt." – „22 Uhr und die Betten sind immer noch nicht gemacht."

Manche Frauen erkennen sich in den ersten Wochen nach der Geburt kaum wieder. War vorher die Wohnung immer aufgeräumt und geputzt, herrscht jetzt das reinste Chaos (so jedenfalls sehen es die Frauen selber). Hatten sie vorher Bärenkräfte bis in die Nacht, sind sie jetzt nach jeder Anstrengung erschöpft und müssen sich ausruhen. Frauen, die sonst mit beiden Beinen selbstständig und unabhängig im Leben stehen, brauchen jetzt ein wenig Prinzessinnen-Dasein, wollen bedient, umsorgt und verwöhnt werden. Frauen, die sonst sehr leutselig sind und gerne Besuch haben, wollen jetzt am liebsten ihre Ruhe und mit sich, dem Partner und dem Kind allein sein.

Auch Frauen, die ihr zweites, drittes, viertes Kind bekommen haben, erleben mitunter ihre Überraschungen. Das neue Baby ist ganz anders als die größeren Kinder, die eigenen Kräfte und Möglichkeiten andere als zuvor.

Gerade Frauen mit älteren Kindern müssen aufpassen, nicht zu viel von sich zu erwarten und

> „Immer wenn ich mich fit fühlte und ein bisschen am Computer saß, machte mir meine Brust einen Strich durch die Rechnung: Milchstau, Fieber und ab ins Bett."
> (Cleo Seidl, 1 Kind)

> „Meine beiden ersten Kinder mussten nie lange schreien. Ich habe sie immer schnell hochgenommen, um sie zu trösten. Als mein drittes Kind geboren wurde, musste ich mich vor allem abends zuerst einmal um die beiden Größeren kümmern. So musste das Neugeborene immer eine Weile schreien. Mir fiel es schwer zu akzeptieren, dass es nicht anders ging."
> (Heike Manz, 3 Kinder)

190

nicht zu früh, aufgrund der Anforderungen durch die anderen Kinder, zur Tagesordnung übergehen zu wollen. Jetzt ist eine andere Zeit, und jetzt gelten andere Gesetze. Daher sagt der Schutzengel des Lassens in dieser und in vielen ähnlichen Situationen:

Lass es gut sein. Es ist, wie es ist. Was geht, geht; was nicht geht, geht eben nicht. Lass es gut sein. Lass es einfach. Lass es weg. Lass dir Zeit. Lass es los.

Lass es gut sein. Lass es zu. Lass die Kraftlosigkeit zu, lass die Tränen zu, die Freude, die dünne Haut. Lass es so. Lass es gut sein.

Der Schutzengel des Lassens kommt auch zu den Partnern. Er hilft ihnen, dass sie ihre Frau jetzt so lassen können, wie sie ist und wie sie sich gerade fühlt. Er sagt ihnen:

Lass es gut sein. Lass sie so, und lass dich im Hineinwachsen in deine Vaterrolle nicht beirren.

Lass es gut sein, damit es euch auch miteinander gut geht.

Der Schutzengel des Teilens

Es müsste einen Schutzengel geben, der darüber wacht, dass Hausarbeit und Säuglingspflege zwischen Frau und Mann gerecht geteilt werden. Vor allem, wenn der Vater des Kindes nach zwei, drei Wochen Urlaub wieder seiner Erwerbsarbeit nachgeht, darf das nicht bedeuten, dass er mit dem ersten Arbeitstag sein Engagement für Haus, Frau und Kind einstellt. Die Gleichung Hausarbeit und Kinderpflege (der Frau) = Erwerbsarbeit (des Mannes) geht nicht auf und stimmt erst recht nicht während des Mutterschutzes bzw. der Zeit, die die Frau zu ihrer Erholung braucht.

Es gibt diesen Schutzengel des Teilens sicher, aber allein, ohne Mithilfe des Paares, kann er nichts ausrichten. Wir schlagen daher vor, einen Holz- oder Tonengel in der Küche aufzustellen und zu verabreden, dass er das Teilen überwacht und von Zeit zu Zeit befragt werden muss, welche Beobachtungen er gemacht hat. Diese spielerische Form kann helfen, Gespräche über Aufgabenteilung nicht gleich aggressiv zu führen, sondern durch den „neutralen Beobachter" ein Stück zu objektivieren.

Vielleicht macht der Schutzengel auf Anfrage auch Vorschläge, wer welche Aufgaben übernehmen könnte – natürlich in voller Verantwortung und nicht erst auf dreimalige Nachfrage. Und möglicherweise gibt es bald Gründe, dem Schutzengel zu danken, denn mancher Streit konnte vermieden werden, und beide sind zufriedener.

Der Schutzengel der Frau

In der Zeit des Mutterschutzes hat die Mutter zusätzlich einen eigenen Schutzengel, den Schutzengel der Frau. Sie – dieser Schutzengel muss weiblich sein – ist Anwältin des Frauseins der Frau, ihrer Freiräume, ihrer Freizeit und ihrer Freiheit. Jede Frau hat ein Recht darauf, ihr Leben „nicht im Kreißsaal abgeben" zu müssen. Dafür kann sie selbst etwas tun, und dafür können andere etwas tun – und zwar von Anfang an, denn später zu verändern ist immer schwerer als sofort einzuüben.

Hier sind Vorschläge zum Einüben, die der Schutzengel der Frau bestimmt unterstützt:

- Das Zu-Bett-Bringen des Babys kann von Anfang an abwechselnd zwischen den Partnern geschehen, sofern das Stillen nicht daran geknüpft ist (und dies nicht zu tun, hat viele gute Gründe).
- Auch wenn in vielen Ratgebern steht, frau solle das Baby immer stillen, wenn es sich meldet, sind wir skeptisch, ob das wirklich hilfreich ist. Oft führt es dazu, dass sich kein Rhythmus herausbildet, der der Mutter Freiraum gönnt. Wenn die Mutter das Baby an einen bestimmten Rhythmus gewöhnt, kann sie besser Zwischenzeiten kalkulieren, in denen sie einmal allein aus dem Haus gehen und ihre Freizeit genießen kann.
- Gönnen Sie sich spirituelle Zeiten des Aufatmens, Durchatmens und Kraftschöpfens. Sei es ein Spaziergang, eine Meditation, ein Kirchenbesuch oder einfach nur Ausruhen. Eine kleine Zeit am Tag und eine größere in der Woche, die soll Ihnen gehören.
- Gerade weil das Muttersein im Vordergrund steht und das Frausein etwas zu kurz kommt, empfehlen wir eine bewusste Pflege des weiblichen Körpers und der weiblichen Seele. Die Industrie macht es den Frauen da leicht: Cremes, Öle, Düfte, Zeitschriften, Frauenmagazine und vieles mehr laden zum Verwöhnen ein. Nicht alles ist Gold, was glänzt. Manche Zeitschrift kauft frau nur einmal. Aber auch das darf in dieser Zeit sein. Was gut tut und das Herz erfreut, ist mehr als erlaubt.

Der Schutzengel der Zuversicht

„Wir schaffen das." Gerade weil die Ernüchterung der ersten Wochen groß ist, gerade weil ständige Blähungen und durchwachte Nächte an den Nerven zehren, gerade weil die Eltern nicht mehr ausschlafen können und keine Zeit mehr füreinander haben, gibt es den Schutzengel der Zuversicht. Er will ermutigen und trösten. Dem Paar sagt er gerade in schwierigen Stunden: „Ihr schafft das." Er hilft den gestressten Eltern, glauben zu können: „Wir schaffen das. Mit vereinten Kräften werden wir das Kind schon schaukeln."

Der Engel der Zuversicht begegnet in anderen Frauen und Männern, die in ähnlichen Situationen stecken oder manches schon gemeistert haben. Der Austausch mit ihnen,

> *„Mut machte mir der Kontakt mit den Frauen, die ich bereits im Geburtsvorbereitungskurs kennen gelernt hatte. Wir trafen uns und tauschten uns über gemeinsame Probleme und Erfahrungen aus."*
> (Heike Manz, 3 Kinder)

192

aber auch Rat von Frauen, die diese Phase schon hinter sich haben, kann entlasten und bei vielen konkreten Problemen weiterhelfen.

Der Engel der Zuversicht begegnet auch, wenn Mutter und Vater am Abend eines vollen Tages sich an die Situationen und Zeiten erinnern, die an diesem Tag erfreulich, genussvoll und daher ermutigend waren. Oft können die Eltern bei solchen Tagesrückblicken von Tag zu Tag Fortschritte wahrnehmen und feststellen, dass die schwierige Anfangszeit tatsächlich vorbeigeht.

Der Engel der Zuversicht begegnet auch in der gegenseitigen Unterstützung, die sich ein Paar geben kann. Die beiden können sich gegenseitig helfen, einander abwechseln und sich auch gegenseitig Mut machen, wenn der eine oder die andere den Mut verliert: „Wir schaffen das, du wirst sehen."

Frauen, die diese erste Zeit ohne Partner erleben, oder Eltern von Zwillingen oder Drillingen brauchen gleich zwei oder drei Schutzengel der Zuversicht. Für sie ist der Austausch mit anderen Frauen und die verlässliche Hilfe von mehreren Freundinnen und Verwandten besonders wichtig.

Der Schutzengel der Zuversicht begegnet ihnen und allen Müttern und Vätern hoffentlich in vielen Personen aus dem nahen oder nächsten Umfeld, die den jungen Eltern mit ermutigenden Worten und Taten zur Seite stehen. Leider ist das nicht immer so. Manche neuen Großmütter, Verwandte oder Freundinnen verunsichern eher, als dass sie helfen, stören eher mit aufdringlichen Besuchen als dass sie unterstützen. Wir wollen Mütter und Väter ermutigen, sich vor solchen Besuchen und Besserwissereien zu schützen. In der Zeit des Mutterschutzes haben Sie das Recht, sich abzugrenzen und nur die Kontakte zu pflegen, die Ihnen jetzt gut tun und helfen.

Der Schutzengel der Zuversicht kann auch herbeigebetet werden. Trauen Sie sich ruhig, Ihre Erschöpfungen und Ihre Enttäuschungen vor Gott zu tragen. Klagen Sie, jammern Sie, und schimpfen Sie in Ihrem Gebet. Gott kann das aushalten. Bitten Sie um Gottes Hilfe, wenn Sie nicht mehr können. Nehmen Sie Gott in die Pflicht, Sie jetzt bei Ihrem gemeinsamen Schöpfungswerk zu unterstützen.

Schutzengel für das Kind

Auch das Kind braucht alle verfügbaren Schutzengel. Schließlich hat es seine erste bekannte und geliebte Heimat verlassen müssen und diese gegen eine unbekannte Welt mit unbekannten Menschen und ungewohnten Dingen und Gepflogenheiten eingetauscht. Eine Theorie zu den Bauchschmerzen, mitunter Koliken, des Säuglings in den ersten drei Monaten besagt, dass sie vor allem psychisch bedingt und auf die allgemeine Umstellung auf das neue Leben zurückzuführen sind. Damit diese Umstellung auf die neue Umgebung und ihre Menschen gelingen kann, bedarf es der Hilfe der Schutzengel.

Gerade das Zu-Bett-Bringen am Abend bietet eine gute Gelegenheit, alle verfügbaren Schutzengel ans Bett des Babys zu rufen und um ihren Beistand zu bitten. Man kann beispielsweise dem Baby von den Schutzengeln erzählen, nämlich dass sie jetzt alle kommen, um das Bett einen Kreis bilden, singen und musizieren, das Kind in den Schlaf wiegen und es die ganze Nacht bewachen werden. Je nach Lust und Kraft kann man von den Schutzengeln reden oder singen oder beides.
Auch folgendes Segensgebet eignet sich für das Zu-Bett-Bringen:

Segen für ein neugeborenes Kind
Willkommen auf der Erde, du neugeborenes Kind.
Du warst geborgen in meinem Schoß,
umhüllt von meinem Körper.
Du bist gewachsen in deinem ersten Zuhause,
bis du die Reise in diese Welt angetreten hast.

Willkommen auf der Erde, du neugeborenes Kind.
Wir freuen uns, dass du da bist
und nehmen dich in unsere Arme.
Wir wollen dir ein zweites Zuhause geben,
bis du in deinem Leben weiterreist.

Willkommen auf der Erde, du neugeborenes Kind.
Du sollst dich hier entfalten können
und den Himmel manchmal geöffnet sehen.
Wir bitten Gott um seine Aufmerksamkeit,
er möge dich segnen auf jedem Schritt.
Christiane Bundschuh-Schramm

Unser Kind ist behindert

Interview mit einer 40jährigen Psychotherapeutin,
verheiratet, deren 3. Kind geistig behindert ist.

Euer drittes Kind ist behindert; was genau hat er?
Bei Benedikt ist es so wie bei vielen Behinderten. Er hat nicht eine Krankheit, sondern
viele verschiedene Symptome, die insgesamt eine schwere geistige Behinderung er-
geben. Zurückzuführen ist das wahrscheinlich auf eine Virusinfektion während der
Schwangerschaft.

Und ihr habt das in der Schwangerschaft nicht gewusst?
Wir haben das nicht gewusst. Wir haben die normalen Tests gemacht, den Alfa-Pro-
tein- und den Triple-Test, und die waren total unauffällig. Die werden ja so in der 16.
Woche gemacht, und die Virus-Infektion war wahrscheinlich später.

Bei der Geburt ist es dann festgestellt worden?
Nein, man hat bei der Geburt festgestellt, dass nicht alles ganz okay ist, dass der
Kopfumfang viel zu klein ist; er hatte auch einen Herzfehler, aber der war am Anfang
auch nicht so gravierend. Es gab Hinweise, aber ich bin heimgeschickt worden mit
den Worten: „Mal sehen, wie er sich entwickelt." Es war überhaupt nicht klar, dass er
behindert ist. Im Nachhinein denke ich, Eltern mit einem Down-Kind zum Beispiel,
die haben's leichter, da ist es ganz klar. Wir haben es eben nicht gewusst; und ich
habe mich am Anfang sehr, sehr daran geklammert, dass er nicht behindert ist. Aber
ich bin auch froh um diese ersten Monate, wo ich eher das Gefühl hatte, er ist in
Ordnung. Das hat es mir leichter gemacht. Ich glaube, ich hätte es furchtbar gefunden, die Gefühle, die ich nachher hatte, direkt nach der Geburt zu haben. Da war ich
eher noch in diesem Glück drin. Ich bin froh um die Zeit.

Was waren das für Gefühle nachher?
Es wurde immer deutlicher, dass er sich eben nicht entwickelt. Er konnte mit vier
Monaten immer noch nicht den Kopf halten, hatte enorme Trinkschwierigkeiten,
musste teilweise mit der Sonde ernährt werden. Die Entwicklungsverzögerungen
wurden immer auffälliger, und mit elf Monaten wurde die Diagnose „schwere geistige Behinderung" gestellt. Ich hatte nie daran gedacht, ein Kind zu haben, das geistig
behindert ist. Das war etwas, das sehr weit weg war in meinem Denken. Es war, als
würde mir der Boden unter den Füßen weggezogen. Es war nicht mehr das Gefühl:

Wir haben drei gesunde Kinder, und man lebt so; sondern für mich ist alles zusammengestürzt. Ich habe mich unheimlich schwer getan, vor allem eben mit der geistigen Behinderung. Ich habe mir immer vorgestellt, dass es leichter wäre, ein Kind zu haben mit einer körperlichen Behinderung. Es gab immer die Vorstellung, dass dann, wenn er zwanzig wäre, ich einen Sohn im Rollstuhl hätte, mit dem ich mich unterhalten könnte. Das würde mir leichter fallen.

Es ging dann eine lange Ursachensuche los, da hatte ich immer das Gefühl, ihn beschützen zu wollen. Da kam eine Maschinerie in Gang mit Untersuchungen, die alle nichts gebracht haben. Und ich bin sehr, sehr erschrocken. Ich habe so viel gesehen bei diesen Untersuchungen, so viel Leid bei diesen älteren Kindern, die keinerlei Fähigkeiten hatten, und die ausgepowerten Mütter, die ohne jede Hilfe allein gelassen waren. Das waren richtige Horrorvorstellungen.

Und du, bist du bei diesen Untersuchungen begleitet worden, oder hattest du auch das Gefühl, ich bin jetzt hier allein?

Ich bin allein; und es war ein unheimlicher Druck bei mir und auch bei den anderen Müttern, die ich kennen gelernt habe, alles Erdenkliche zu machen. Es war ein langer Prozess, sich davon zu verabschieden, denn man macht wirklich am Anfang alles. Ich erinnere mich zum Beispiel an eine Sache, die heißt Pattern-Turnen. Es kam eine Therapeutin aus Amerika nach Deutschland, und wir sind dahin gefahren. Da waren dann Eltern von Schweden bis Italien, alle in der Hoffnung, durch das Turnen etwas zu erreichen. Immer wird diese Hoffnung geweckt, dass das Kind sich doch entwickeln kann, das war etwas, was mich sehr lange verfolgt hat.

Das ist auch mit Druck verbunden von Seiten der Ärzte: „Das müsst ihr tun." Und als Familie sind wir am Anfang auch ein Stück daran zerbrochen, dass neben der Trauer und dem Bewältigungsprozess dieser enorme Druck da war. Es gab jeden Tag Therapien, und meine anderen Kinder waren klein, der Kleine war 2 und der Große war 4, und ich habe die beiden immer mitschleppen müssen. Es hat sich alles nur noch um Therapien gedreht, das fand ich Horror. Es war dann ein Riesenschritt, den Ärzten gegenüber selbstbewusst zu werden und zu sagen: „Das mache ich jetzt nicht", auch wenn vielleicht Erfolge da wären. Die Erfolge stehen dann in keinem Verhältnis zu den Kosten, die es für uns als Familie hat.

Was macht ihr jetzt?

Weniger. Das klingt vielleicht komisch, aber ich bin froh, dass der Benedikt so schwer behindert ist. Dadurch ist es mir möglich, diese Hoffnung aufzugeben. Die Eltern mit den Down-Kindern zum Beispiel, die machen unendlich viel, bis hin zu kosmetischen Operationen, damit die Kinder „normaler" werden. Da sind die Eltern über die Maßen belastet. Bei Benedikt ist einfach klar, dass keine Therapie so einschneidend wirkt. Und meine Vorstellung jetzt ist einfach: Ich bin seine Mutter, ich bin nicht seine Therapeutin. Bis ich das so klar hatte, das war ein Riesenschritt. Was mir sehr geholfen hat, war ein Gedanke von Bert Hellinger: Er geht davon aus, dass zwar der Körper oder der Geist – je nachdem – eines Menschen behindert ist, aber nicht die Seele. Die Seele von Benedikt ist nicht behindert. Und im Zusammenleben mit ihm sehe ich nicht immer zuerst die Behinderung. Mir fällt das oft erst auf, wenn ich die Reaktion anderer Leute auf ihn sehe.

Was bedeutet die Behinderung von Benedikt jetzt für euch als Familie?
Der Kleinere hat an seinem Geburtstag gesagt: „Heute bin ich mal die wichtigste Person, sonst steht immer der Benedikt im Mittelpunkt." Wir gucken schon, dass wir uns auch um die anderen Kinder kümmern, aber sie sehen es nicht so. Allein der Aufwand für die Pflege am Tag – ich glaube, dass die Kinder das als Zuneigung werten. Wenn der Benedikt auf meinem Schoß sitzt und gefüttert wird, dann hat das für mich erst mal nichts mit besonderer Zuwendung für ihn zu tun, sondern einfach mit seiner Versorgung; aber die anderen empfinden es schon so, dass er die Hauptperson ist. Er kann ja nichts selber machen, er muss komplett versorgt werden, und das sind viele Stunden am Tag, die ich damit beschäftigt bin.
Aber wir könnten uns auch nicht mehr vorstellen, ohne ihn zu leben. Es ist eine ganz andere Art zu leben, es ist anstrengender. Aber ich habe auch das Gefühl, unser Leben wird reicher durch Benedikt.

Wie haben eure Kinder reagiert, als klar war, dass Benedikt behindert ist?
Die Kinder haben nicht diese Trauerphase gehabt. Es gab Zeiten, wo die Kinder traurig waren oder auch traurig sind, das kommt manchmal in einzelnen Bemerkungen. Mehr haben die Kinder gelitten unter unserer Traurigkeit.

Entsteht da ein weiterer Druck, wegen der anderen Kinder nicht traurig sein zu dürfen?
Ich war lange sehr traurig. Der Große hat mich da ein Stück herausgerissen. Der hat mal gesagt: „Das ist gar nicht so schlimm, einen behinderten Bruder zu haben; aber es ist schlimm, dass du so traurig bist." Da bin ich wirklich aufgewacht.
Die Kinder merken ganz stark die Ausgrenzung. Neben der Trauer und dem Bewältigen ist das so schwierig: immer in der Öffentlichkeit sein, ständig angestarrt werden. Das ist immer so, mehr oder weniger verletzend. Und immer sprechen mich Leute an, warum er so ist. Man taucht nie in die Anonymität ab – das ist ganz schlimm für die Kinder. Der Große hatte so eine Phase, wenn wir schwimmen gegangen sind, ist er immer ganz weit von uns weggeschwommen. Der Benedikt ist irre laut, wenn er sich

freut, das fällt jedem schlagartig auf. Das ist für die Kinder kaum auszuhalten. Oder auf dem Spielplatz kommen andere Kinder und sagen: „Du, warum lacht dein Bruder so blöd?" Sie schämen sich auch manchmal wegen Benedikt und möchten dann nicht, dass er dabei ist, wenn sie von irgendwo abgeholt werden. Ich versuche, das auch zu respektieren. Mein Mann ärgert sich dann und meint, sie müssten doch darüber stehen. Aber ich kann verstehen, dass sie nicht darüber stehen.

Wie ist das für dich, für dein Leben?

Das hat sich total verändert. Am Anfang, als die Trauer so wahnsinnig groß war, das wollte niemand hören. Viele haben gesagt: „Ja, das wird schon", oder „Wer weiß, vielleicht ist es gar nicht so schlimm"; aber es wollte keiner hören. Ganz viele Kontakte sind abgebröckelt; es gibt wenig Unterstützung. Mit einigen kann ich mich abends treffen, aber es kommt kaum jemand freiwillig nachmittags. Nachmittags bin ich meistens mit dem Benedikt allein.

Ein anderes Kind könnte man durchaus mal für eine halbe Stunde zur Nachbarin geben; aber den Benedikt nimmt niemand für eine halbe Stunde. Der läuft eben nicht so mit, man müsste mit ihm reden und sich mit ihm beschäftigen. Oft denke ich auch, wir – also der Benedikt und ich – sind eine Zumutung für die anderen. Ich ziehe mich auch eher zurück, das ist vielleicht schon so eine Art Vorwärtsverteidigung. Aber es ist eben nie so, dass mein Mann und ich etwas gemeinsam machen können, wir haben nie ein freies Wochenende, ausschlafen ist eh nicht drin. Da gibt es auch keine Perspektive. Da kommt dann schon manchmal Neid auf, wenn ich sehe, andere Leute mit Kindern in dem Alter haben mal ein freies Wochenende – was auch immer. Bei uns ist zunehmend weniger möglich, weil der Benedikt schwieriger wird in der Pflege. Es wird anstrengender, ihn an- und auszuziehen oder ihm die Zähne zu putzen. Er wird einfach kräftiger und wehrt sich manchmal. Dann schaffe ich das nicht mehr allein. Ich muss ihn ja viel tragen, auch wenn er jetzt laufen kann. Ich habe jetzt Rückenprobleme, obwohl ich wirklich sehr sportlich bin.

Gibt es irgendwelche Unterstützung von öffentlicher Seite, vom Staat, vom Land?

Es gibt Verhinderungspflege, das ist ein bestimmter Geldbetrag im Jahr, den kann ich abrufen. Das sind 2800,- DM im Jahr, damit kann ich über einen Pflegedienst jemanden holen, der Benedikt an meiner Stelle betreut. Bei der Pflegestufe vom Benedikt sind das 70 Stunden. Der Benedikt hat aber 14 Wochen Schulferien, und so viel kann ich nicht frei nehmen. Ich brauche das ganze Geld – und noch mehr – für seine Schulferien. Dass wir mal drei, vier Stunden etwas ohne Benedikt unternehmen, das ist irre selten.

Wandern im Gebirge zum Beispiel, was wir früher gemacht haben, geht einfach nicht mehr. Da sind viele Dinge, die gar nicht mehr in Frage kommen, die mit Benedikt nicht machbar sind.

Wie ist der Zustand von Benedikt jetzt?

Benedikt hat Laufen gelernt, obwohl wir kaum damit gerechnet haben. Mir geht es besser, seit er aktiver ist. Das ist zwar körperlich anstrengender für mich; aber das andere war psychisch anstrengender. Er hat sich früher gar nicht beschäftigt, und das hat mir den Druck gemacht, dass ich ihn beschäftigen muss. Jetzt spielt er schon mal einige Zeit allein.

Er hat ein tolles Gespür dafür entwickelt, ob ihn jemand mag. Und wenn er das Gefühl hat, jemand mag ihn nicht oder ist nur oberflächlich freundlich, dann geht er oder dreht sich weg – das merkt er schneller als wir.

Aber dass er immer auf das Wohlwollen der anderen angewiesen ist, das finde ich etwas Furchtbares. Das ist auch etwas, wo ich sehr kränkbar bin, wenn sich Leute sehr negativ über ihn äußern. Ob das Ärzte in der Klinik sind, die bei bestimmten Methoden durchblicken lassen, dass er sie nicht wert ist und sagen: „Ob sich das bei dem Kind lohnt?" Oder wenn eine Pflegerin in einem Behindertenheim sagt: „Ach, was wollen die denn schon; mehr als einen Teller zu essen wollen die doch gar nicht." Und er wird irgendwann auf solche Leute angewiesen sein. Das ist eine Horrorvision: dass er in ein Heim kommt und dann nicht sagen kann, was er braucht.

Du hast eben gesagt, du bist leicht kränkbar. Geschieht das, wenn Menschen nur die Behinderung sehen und nicht den ganzen Benedikt?

Ja, vielleicht. Es gibt wenige Menschen, die einfach unvoreingenommen versuchen, mit ihm Kontakt aufzunehmen, obwohl er sehr kontaktfreudig ist. Das liegt natürlich daran, dass unsere Gesellschaft das überhaupt nicht einübt. Die einen ignorieren ihn, die anderen machen irgendetwas mit ihm, ohne zu respektieren, dass auch er Grenzen hat. Die nehmen ihn einfach auf den Arm, obwohl sie ihn noch nie gesehen haben, oder kommen ihm zu nahe. Das gibt es auch bei Untersuchungen, dass gar kein Kontakt aufgebaut wird, dass nicht gewartet wird – wie bei einem anderen Kind – bis er von sich aus bereit ist. Über Benedikt wird einfach verfügt.

Was wünschst du dir für den Benedikt?

Mein Mann hat oft gesagt, er wünscht sich, dass der Benedikt stirbt, bevor wir ihn nicht mehr versorgen können. Das ist der gleiche Gedanke, den ich eben gesagt habe: dass wir ihn nicht Leuten überlassen müssen, die ihm nicht wohl wollen. Was wünsche ich mir? Dass er sprechen lernt, dass er sich ausdrücken kann.

199

Wünschst du dir auch, dass die Leute ihm anders begegnen?
Ich bin auf jeden Fall froh, dass er nicht so leicht behindert ist, dass er merkt, wie die Kinder auf dem Spielplatz von ihren Eltern zurückgezogen werden. Sicher aus einer Verunsicherung heraus. Die trauen sich nicht, auf mich zuzukommen. Das ist übrigens etwas, was ich auch noch leisten muss: auf die Leute zugehen und sagen, warum er etwas macht. Aber ich bin froh, dass er das nicht realisiert.
Am liebsten würde ich mit ihm in einem Land leben, wo die Integration weiter fortgeschritten ist oder der Umgang mit Behinderten selbstverständlicher.

Gibt es das?
Wir waren in Spanien im Urlaub. In dem Restaurant, wo wir öfter gegessen haben, konnten wir genau merken, wer deutsche Touristen waren. Ich musste immer an die Urteile deutscher Gerichte denken, wo Leute ihr Geld zurückbekommen haben, weil im Urlaub am Nachbartisch jemand saß, der behindert war. Ich dachte, vielleicht klagen die jetzt und bekommen Recht, weil Benedikt sie stört. Die spanischen Kellner waren immer ganz lieb zu ihm, und der Koch ist jeden Abend aus der Küche gekommen und hat Benedikt begrüßt. Wenn wir hier essen gehen, dann gehen wir gern in ein türkisches Restaurant. Dort wird er lieb behandelt. Es gibt viele Restaurants, in die wir nicht hineingehen würden.
Das klingt jetzt alles so negativ. Was ich positiv finde: dass ich mehr gelernt habe, hinter ihm zu stehen. Das hat auch Auswirkungen auf die anderen Kinder. Ich habe gelernt, seine Grenzen zu akzeptieren, was nicht heißt, dass ich sie nicht manchmal hasse. Aber ich habe gelernt, seine Grenzen zu akzeptieren und sie auch nach außen zu verteidigen. Dadurch habe ich auch gelernt, mehr hinter den anderen Kindern zu stehen. Wo ich früher vielleicht eher den Druck gehabt hätte, sie müssten so sein wie andere, wie alle, da habe ich mehr gelernt, sie so zu akzeptieren, wie sie sind, und sie zu verteidigen. Und ich habe durch die Auseinandersetzung mit den Ärzten für mich gelernt, mehr auf das zu vertrauen, was ich will, und das auch durchzusetzen.

Gibt es etwas, das du anderen Eltern raten möchtest?
Eltern mit behinderten Kindern? Ja, vielleicht, dass sie es früher schaffen, sich Unterstützung zu holen. Und dass sie deutlich zu sagen lernen, was sie brauchen. Eltern mit gesunden Kindern möchte ich ermutigen, auch Behinderungen als „normal" anzusehen.

Unser Kind ist tot

Ein Erfahrungsbericht von Monika Edler-Rist

Meine Erinnerung an den Tod unseres ersten Kindes ist heute, zwölf Jahre nach seinem Tod, noch sehr lebendig in mir. Viele Bilder haben sich tief in mir eingeprägt und gehören heute zu meinem Leben dazu, auch wenn sie nicht mehr weh tun.

Ich möchte im Folgenden erzählen, wie es mir, wie es uns mit dem Tod unseres Sohnes Lukas ergangen ist. Manchmal werde ich meine Erfahrungen ergänzen mit den Erfahrungen der Frauen und Männer, die mir im Laufe der Jahre in den verschiedenen Selbsthilfegruppen der Initiative Regenbogen begegnet sind.

Beginnen möchte ich mit meiner Schwangerschaft, der einzigen gemeinsamen Zeit, die Lukas und mir geblieben ist. Doch das wusste ich zu Beginn (glücklicherweise oder leider) noch nicht. Ich hatte eine wunderschöne Schwangerschaft. Mir war kaum schlecht. Ich fühlte mich sehr wohl in meinem zunehmend rundlich werdenden Körper. Voll Stolz trug ich meinen größer werdenden Bauch vor mir her. Ein besonders glücklicher Moment war der erste Ultraschall, als wir das winzig kleine Herz schlagen sehen konnten. Gerne erinnere ich mich an die Zwiegespräche in der Badewanne mit meinem Baby. Ich fühlte mich ihm so nah in diesen Augenblicken.

Am Morgen des zehnten Tages nach dem errechneten Geburtstermin saß ich frohgemut am Frühstückstisch. Wie in den vergangenen Tagen hatte ich einen Vorsorgetermin in der Klinik. Meine Mutter war da, sie wollte mich begleiten, weil mein Mann aus beruflichen Gründen unterwegs war. In meinem Bauch ging es sehr munter zu. Unser Kindlein war so lebendig, dass es beinahe weh tat.

In der Klinik angekommen machten sie wie üblich einen Ultraschall. Doch sie konnten keine Herztöne finden. Kein Grund zur Beunruhigung. Vielleicht hat sich das Kind nur weggedreht. Aber auch nach mehrmaligen Versuchen gelang es nicht, die Herztöne zu orten. Aus den sorgenvollen Gesichtern erahnte ich, dass etwas nicht stimmte. Gesagt wurde mir nichts. Ich wurde an ein besseres, größeres Ultraschallgerät verlegt, und da erkannte ich es selbst: Das winzige Herzchen schlug nicht mehr. Ich wurde gefragt, wo mein Mann sei, „wo wir ihn heute doch so dringend bräuchten". Das konnte doch nicht sein! Eben war mein Baby noch völlig lebendig, wie konnte es jetzt tot sein? Ich konnte und wollte es nicht glauben. Ich saß wie unter einem riesigen Eisberg, war völlig schockiert und unfähig zu irgendeiner Empfindung. Geschweige denn wäre ich in der Lage gewesen, irgendeinen Wunsch zu äußern, oder mich gegen den Willen eines Arztes durchzusetzen. Ich begriff nicht einmal, was eigentlich los war. Mein Kind soll tot sein. Das konnte nicht sein, das durfte nicht sein.

Erst Tage und Wochen später habe ich wirklich begriffen, was das heißt. Nie einen einzigen Schrei dieses Kindes zu hören. Nie sein Lachen erleben zu dürfen. Nie es in die Arme schließen zu können ... Doch zunächst saß ich wie unter einer Glocke und war wie erstarrt. Mein Mann, der eilig herbeigerufen wurde, konnte seinen ganzen Schmerz und seine Anspannung einfach herausschreien. Ich saß stumm da, und wer mich so gesehen hat, musste denken: „Was ist das für eine gefühlskalte Frau."

Hilfreiche Unterstützung in der Klinik

Geholfen hat uns in der damaligen Situation, dass wir nicht alleine gelassen waren von den Hebammen und der betreuenden Ärztin. Immer wieder schaute jemand bei uns vorbei. Sehr behutsam wurde besprochen, wie es weitergehen könnte, da sicher sei: Unser Kind ist tot. Wir haben über meine diffusen Ängste gesprochen und gemeinsam überlegt, dass zunächst sehr vorsichtig die Wehen eingeleitet werden sollten, um eventuell eine spontane Geburt in Gang zu bringen. Mir wurde auch erklärt, welche Möglichkeiten der Schmerztherapie es für mich gäbe. Bei all diesen Entscheidungen wurde uns sehr viel Zeit gelassen, um die ich sehr froh bin.

Unsere besten Freunde kamen in die Klinik, und gemeinsam saßen wir da, völlig vor den Kopf gestoßen von dieser schrecklichen Nachricht. Und da endlich konnten wir weinen. Ich habe Lukas geboren. Tot geboren. Es war eine sehr befremdliche Geburt. Ich bekam eine Periduralanästhesie, damit mir die üblichen Geburtsschmerzen erspart blieben. Ich musste auf Kommando der Ärztin pressen. Für meinen Körper hatte ich das Gefühl verloren. Mir wurde während der Geburt auch nicht klar, dass diese ganze Anstrengung eigentlich völlig umsonst war, dass dieses Kind nie schreien, nie lachen, nie leben würde. Ich weiß nicht, ob ich diese Geburt sonst geschafft hätte. Allerdings haben mir Mütter erzählt, dass ihnen diese Geburt sehr wichtig war. Sie konnten dadurch besser Abschied nehmen von ihrem Kind.

Dankbar sind wir beide heute noch der betreuenden Ärztin und dem betreuenden Arzt, die uns nachdrücklich ans Herz gelegt haben, unser Kind anzuschauen, es in den Arm zu nehmen, um es so zu begrüßen und es gleichzeitig wieder zu verabschieden. Von alleine wären wir in dieser Situation nicht auf die Idee gekommen, Lukas so lange im Arm zu halten. Es waren dies ganz besonders wertvolle, ja schöne Momente für uns. Wir konnten entdecken, dass es unser geliebtes Kind war. Es sah uns ähnlich, da war meine Nase zu erkennen und sein Hals. Für dieses Kennenlernen ließen wir uns viel Zeit.

Von vielen betroffenen Eltern weiß ich, wie schlimm es ist, wenn ihnen diese wichtige Zeit mit ihrem Kind vorenthalten wurde. Ihnen wurde der Abschied von ihrem

Kind wahnsinnig schwer gemacht, wenn sie ihr Baby nicht im Arm halten konnten. Es bedarf enormer Anstrengungen, eine Form zu finden, in der dieses Versäumnis nachgeholt werden kann. Aus diesem Erlebnis heraus wünsche ich allen Eltern, die in diese schlimme Lage kommen, dass sie nicht um die wichtige Erfahrung des Abschiednehmens gebracht werden.

In sehr guter Erinnerung ist mir auch die Art und Weise, wie in der Klinik von unserem Kind gesprochen wurde. Wir wurden sofort nach der Geburt nach seinem Namen gefragt, und fortan nannten auch sie unser Baby Lukas. Es bekam einen Namen, wie ein lebendes Baby, und war dadurch anerkannt und nicht ein tot geborenes Kind, wie es später in den amtlichen Unterlagen hieß.

Leider haben wir kein Bild von Lukas. Ein Bild, das unsere Erinnerung wach hält, aber das wir auch gerne all jenen gezeigt hätten, die Lukas nie sehen konnten. Besonders gerne würde ich es heute seinen beiden Geschwistern zeigen, die immer recht selbstbewusst von ihrem großen Bruder erzählen, der gestorben sei. Letztlich bleibt er aber für sie ohne Gesicht. Ein Grab, zu dem sie häufig mitgehen, ist kein Ersatz dafür. In vielen Kliniken wird heute grundsätzlich ein Bild gemacht.

Ein bedeutender Abschnitt, den Tod von Lukas zu realisieren, war seine Beerdigung. Es war kein böser Traum, aus dem wir einfach aufwachen konnten. In dem Sarg, diesem winzigen kleinen Sarg, den ein Mann in den Armen hielt, lag unser totes Kind. Dieser Sarg wurde in die Erde gelassen. Damit war für mich deutlich: Hier gibt es kein Zurück. Ich musste mich der Wirklichkeit stellen: Mein Kind ist tot und wird nie leben. Das tat so furchtbar weh und war doch gleichzeitig wieder ein wichtiger Schritt für mich, Lukas gehen zu lassen. In zahlreichen Gesprächen in der Selbsthilfegruppe habe ich erfahren, dass Frauen, die die Beerdigung ihres Kindes nicht miterleben konnten, weil sie noch in der Klinik lagen, ein ganz wichtiges Erleben für ihre Trauerarbeit fehlt.

Reaktionen des Umfeldes und der Austausch mit anderen betroffenen Eltern

Das eigentliche große Loch und die Trauer um das Kind begannen zu einem Zeitpunkt, an dem viele Außenstehende meinten, wir hätten das Schlimmste doch hinter uns. Und vielleicht wäre Lukas so ja vieles erspart geblieben. Solche, vielleicht wohlgemeinten, sicher oft auch hilflosen Worte taten entsetzlich weh. Wie viel mehr hat es uns geholfen, wenn wir gefragt wurden, wie es uns wirklich geht und wir erzählen durften. Einen wirklichen Trost gibt es in dieser Situation nicht. Helfen konnten uns die Menschen, die uns ausgehalten und unseren Schmerz ertragen haben.

Viele Freunde und Bekannte haben sich von uns zurückgezogen. Zwar kamen viele Briefe, aber wenige trauten sich, uns zu besuchen. Wenig hilfreich waren auch die

Besuche derjenigen, die uns dann nur erzählten, dass es für sie auch schlimm war, als ihre Tante oder sonst wer gestorben sei.

Inzwischen weiß ich, dass wir diese Erfahrung mit den meisten Betroffenen teilen. Oft kommen aus dem nächsten Umfeld, von dem man sich Unterstützung erhofft, die verletzendsten Worte, wie: „Nun reiß dich doch mal zusammen, es ist doch jetzt schon drei Wochen her." Ich meine, in dieser Zeit haben die Eltern das Recht, die Kontakte zu meiden, die die Wunden nur noch mehr aufreißen.

In dieser Phase wurde der Kontakt zur Selbsthilfegruppe besonders wichtig. Unser Wunsch, uns auszutauschen mit Eltern, die ein vergleichbares Schicksal hatten, war enorm. Denn wer kennt schon Eltern, denen so etwas passiert ist? Es gibt sie, aber wer spricht schon darüber? Wir hatten die Hoffnung, die sich bestätigt hat, dass es uns hilft, wenn wir mit den Menschen reden können, die Ähnliches erlebt haben. So unterschiedlich, wie wir in der Gruppe waren, so unterschiedlich die Wege der Trauer waren, die letztlich doch jeder alleine gehen musste, so gut hat es uns getan, uns auszutauschen, ohne viel erklären zu müssen, wie einem ums Herz ist.

Für mich ist das heute noch ein wesentlicher Grund, warum ich die Selbsthilfe-Arbeit mache. Ich erlebe es immer wieder, dass der Austausch besonders dann wichtig wird, wenn alle um einen herum wieder zur Tagesordnung übergegangen sind und kaum mehr an das Geschehene denken. Für die Betroffenen ist es nicht vorbei.

Die Trauer vollzog sich wie in Wellenbewegungen. Wenn es mir gerade etwas besser ging und ich dachte, ich hätte das Schlimmste hinter mir, dann kam das nächste Loch. Erst mit der Zeit, im Laufe der Monate, waren die Abstürze nicht mehr so gewaltig.

Manchmal verspürte ich den Wunsch, aus irgendeinem Kinderwagen ein Kind zu stehlen. Ich habe Lukas doch so schrecklich vermisst. Wem hätte ich das erzählen können? Oder ich hatte regelrechte Aggressionen gegen Frauen mit dickem Bauch. Alle hatten einen dicken Bauch, so schien es mir, nur ich nicht! Diese Aggressionen haben sich abgewechselt mit bohrenden Schuldgefühlen. Was habe ich falsch gemacht? Ich hätte die Zigarette ganz am Anfang der Schwangerschaft nicht rauchen dürfen ... Vielleicht war das Reaktorunglück in Tschernobyl schuld ... Überall suchte ich nach einem Schuldigen, und da ich nirgends etwas festmachen konnte, suchte ich die Schuld bei mir.

Geholfen hat uns, dass wir einige Monate danach noch einmal in aller Ruhe mit der Ärztin sprechen konnten, die Lukas entbunden hatte. Viele Fragen, die wir hatten, konnten wir mit ihr klären. Dabei wurde auch noch einmal deutlich: Es war niemand schuld an Lukas' Tod. Es hatte niemand etwas falsch gemacht, auch ich nicht. Irgendwann konnte ich diese bohrende Schuldfrage loslassen.

Wo warst du, Gott?

Ich habe in dieser Phase mit meinem Gott gehadert. Da ging mein Bild vom guten Gott in Scherben. Ein guter Gott konnte uns doch so etwas Grausames nicht antun. Was hatten wir denn getan, dass wir so etwas erleben mussten? Wollte er uns prüfen oder strafen? Uns kam es vor, als hätte er uns Lukas mal kurz unter die Nase gehalten, um ihn uns dann wieder wegzunehmen. Ich hatte einen ziemlichen Zorn. Dieser Zorn wurde umso größer, wenn uns jemand mit so genannten frommen Sprüchen Trost zusprechen wollte. Ich habe geschimpft mit diesem Gott, ihn angeklagt. Heute bin ich froh darüber. Ich denke, er hat es ausgehalten, von mir beschimpft zu werden. Für meine heutige Beziehung zu Gott waren diese Gespräche damals mit ihm wichtig und prägend.

Manchmal wusste ich nicht, ob ich mit diesem Gott überhaupt noch etwas zu tun haben wollte. Ich konnte kein Vaterunser beten, ohne in Tränen auszubrechen. „Dein Wille geschehe ..." – konnte das wirklich Gottes Wille sein, dass Lukas, unser geliebtes, erwartetes Kind stirbt, dass überhaupt unschuldige Kinder sterben? Wenn Gott so etwas wollte, dann musste er doch grausam sein. Nein, ich wusste zu diesem Zeitpunkt oft nicht mehr, ob Lukas bei Gott aufgehoben ist. Trotzdem spürte ich: Er hat seinen Platz in Gottes liebenden Armen gefunden. Auf unseren Grabstein ließen wir den Vers schreiben: „Aus Gottes Hand – In Gottes Hand". Und das war auch stimmig für uns. So war die Beziehung zu Gott in der Zeit der ersten Trauer sehr ambivalent. Gott, der Allmächtige, der dieses schlimme Leid hätte verhindern müssen, und Gott, der uns die Gewissheit gab: Mit dem Tod ist nicht alles aus.

Ich habe Gott ganz langsam wieder in mein Leben gelassen. Mein Bild von ihm hat sich sehr verändert. Ich kann immer noch nicht glauben, dass er will, dass unschuldige Kinder sterben, dass überhaupt jemand leidet. Ich kann aber glauben, dass er in unserem Leid mit uns geht und uns nicht alleine lässt. Ich glaube heute, dass er mich und uns durch unser schreckliches Leid und unsere Trauer mitgetragen hat. Ich denke heute, diese Trauer hat vor allem mich verändert. Mir ist es heute wichtig, für die Menschen da zu sein, denen dieses schreckliche Schicksal widerfährt.

Die Trauer und die Partnerschaft

Die Trauer um ein gemeinsames Kind ist eine schwierige Zeit für eine Partnerschaft. Ich dachte zu Anfang, niemand würde mich so gut verstehen wie mein Mann, denn wir trauern ja um dasselbe Kind. Aber ich habe gespürt, wie wir die Trauer völlig anders erlebten. Ich habe das werdende Leben in mir getragen, es war ein Teil von mir, mir ganz nah. Mein Mann war da zwangsläufig außen vor. Ich verlor regelrecht einen Teil von mir. Mein Mann musste vielmehr seine Träume, seine Hoffnungen, seine Sehnsüchte, die er mit diesem Kind verbunden hatte, betrauern. Vielleicht wird daher uns Frauen manchmal eine längere Trauer zugestanden. Die Männer müssen am nächsten oder übernächsten Tag wieder zur Arbeit, und schon da fragt sie kaum mehr jemand, wie es ihnen geht, höchstens noch danach, wie es ihrer Frau oder ihrer Partnerin geht. Oft sollen die Männer wieder „funktionieren". Gegenüber ihrer Partnerin haben sie häufig den Eindruck, stark sein zu müssen. Männer und Frauen haben ihre je eigenen Wege zu trauern. Ich habe mir meinen ganzen Kummer immer wieder von der Seele geredet und viel geweint, das hat mir geholfen. Mein Mann war sehr viel stiller in seiner Trauer, und in meinen Augen war seine Trauer nicht richtig. Ich habe nicht vergessen, dass ich ihm an den Kopf geworfen habe, er trauere nicht richtig. Es war nicht leicht für uns, den anderen so in seiner Art der Trauer anzunehmen. Durch Gespräche darüber haben wir es doch geschafft. Heute würde ich sogar sagen, dass unsere Beziehung daran gewachsen ist. Ich habe allerdings auch Paare erlebt, deren Beziehung diese Zerreißprobe nicht überstanden hat.

All das, was ich hier erzählt habe, mutet vielleicht wenig hoffnungsvoll an, und Sie werden sich fragen: Gibt es überhaupt wieder eine Zeit, in der ich so richtig unbeschwert sein kann und lachen kann – so wie früher?

So wie früher ist es nicht mehr. Aber ich denke, wer seine Trauer durchlebt hat, kann trotzdem wieder zu einem glücklichen Menschen werden. Ich erlebe mich heute so, dass ich mit anderen Augen durch die Welt gehe. Ich sehe manches, was ich früher nicht wahrgenommen habe. Aber ich lache auch wieder gerne und habe mein Vertrauen ins Leben wiedergefunden.

Das möchte ich auch als Schlusswort meines Berichtes nehmen. Ich wünsche allen, die durch dieses tiefe Tal der Trauer gehen, dass sie wieder Schritte ins Leben gehen können ohne Trauer und Resignation, aber mit ihren Kindern im Herzen.

Hilfen für Frauen und Eltern, die ein Kind verloren haben

Initiative Regenbogen „Glücklose Schwangerschaft" e.V.
Kontaktkreis für Eltern, die ein Kind vor, während oder kurz nach der Geburt verloren haben

Hauptgeschäftsstelle:
In der Schweiz 9
72636 Frickenhausen
E-Mail: bv@initiative-regenbogen.de
Telefonkontakt: 0 55 65 / 13 64 (Martina Severit)
Homepage: http://www.initiative-regenbogen.de

Wir feiern unser Kind
und unsere neue Beziehung

Jedes neugeborene Kind und jede dadurch neu entstehende Familie sind ein Grund zum Feiern – für die Eltern, für die Geschwister, für die Angehörigen, für Freunde und Freundinnen und für Gott. Dabei sind nicht nur die schönen Gefühle, die Freude und das Glück Anlass für ein Fest; gerade auch die weniger geliebten Gefühle wie Ängste, Sorgen und Unsicherheiten, bedürfen einer Feiergestalt, die allen Beteiligten helfen soll, das neue Leben und die neu werdenden Beziehungen anzunehmen und sich dafür einsetzen zu wollen.

Ein Fest kann helfen, die verschiedenen Gefühle auszudrücken und auszuleben. Es zeigt der einzelnen Familie, dass sie nicht allein ist, sondern dass die Verwandten und Bekannten an ihrer neuen Gestalt Anteil nehmen und sich mit ihnen freuen. Ein Fest bekräftigt öffentlich, dass aus dem Ehepaar eine Familie geworden ist, dass die Drei jetzt ein Quartett sind. Alle sollen sehen und wissen: So ist es! Indem es die anderen sehen und wissen sollen, macht es sich die neu gewordene Familie selbst klar: Ja, wir sind jetzt eine Familie! Ja, wir sind jetzt zu viert, zu fünft. Ja, bei uns sieht das Leben jetzt so aus! Wenn Eltern und Geschwister das neue Leben feiern wollen, dann wollen sie auch ihren Dank und ihre Hoffnung ausdrücken. Sie danken dem, sie danken der, die dieses Leben geschenkt hat: dem Schöpfer, der Schöpferin allen Lebens, Gott. Gleichzeitig wollen sie Gott bitten, jetzt mit ihnen für dieses Leben und alles, was sich dadurch verändert, Sorge zu tragen. Ein religiöses Fest zeigt den Eltern in Symbolen, Worten und Gesten, dass sie mit ihrer neuen Aufgabe nicht allein gelassen sind, sondern dass Gott ihnen beisteht und hilft.

Mit diesem Feiern können die Eltern verschiedene Ziele und Wünsche verbinden und dementsprechend eine bestimmte Feierform wählen. Eine Familie kann auch mehrere Feste des neugeborenen Kindes begehen – in verschiedenen Kreisen, zu verschiedenen Zeiten und Anlässen. Wir zeigen mehrere Möglichkeiten auf, die ausgewählt oder miteinander kombiniert werden können.

Segensfeier in der Kleinfamilie

Manche Eltern wollen eine kleine Feier im engsten Kreis begehen. Vielleicht ist der Tauftermin recht spät, so dass sie in der Zwischenzeit ein Fest feiern wollen. Möglicherweise wissen sie auch noch nicht recht, was sie wollen, und entscheiden sich daher zunächst für diese kleine Form.

*U*ns war es wichtig, als Eltern mit unserem ersten Kind ein kleines Fest zu begehen. Wir hatten zwar die Taufe schon geplant, aber erstens dauerte es noch etwas bis zum angesetzten Termin, und zweitens wollten wir unserem Kind auch als Eltern den Segen Gottes zusprechen. Es war der Wunsch nach einer intimen Feier, die nicht von Aufregung und Planungshektik überschattet war. Außerdem wussten wir ja, dass bei der Taufe das meiste in der Hand des Pfarrers lag. Zwar hatten wir im Blick auf ihn ein gutes Gefühl, aber trotzdem wollten wir eine kleine Feier auch für uns machen, die wir so gestalten konnten, wie wir wollten.

Unsere Feier hieß „Tilman im Rosenbett". Wir wollten unser Kind auf bzw. konkret zwischen Rosen betten und hatten dazu einen kleinen Text geschrieben. Der ganze Tag sollte im Zeichen dieser kleinen Feier stehen. So kauften wir auf dem Markt einen schönen Strauß Rosen und noch gute Sachen zum Essen für das an die Feier anschließende Abendessen.

Am Spätnachmittag bereiteten wir das Essen vor und dann das Rosenbett: ein weißes Tuch auf dem Boden, links und rechts Rosen und dazwischen unser Kind. Wir Eltern saßen vor ihm auf dem Boden und sprachen den unten stehenden Text. Wir lasen den Text gemeinsam und machten dann beide ein Kreuzzeichen auf Tilmans Stirn. Es war eine dichte Atmosphäre, zum Freuen und zum Weinen, und wir drei wurden in diesen Minuten sehr innig miteinander verbunden. Dann saßen wir noch eine Weile zu dritt auf dem Boden, spielten, erzählten und lachten. Das anschließende Abendessen schmeckte, lockerte die Stimmung auf und bildete einen guten Abschluss und Übergang in den Alltag. Wir haben auch Fotos gemacht, die uns immer wieder gern an die kleine Feierstunde erinnern und die sozusagen im Nachhinein das Fest öffentlich gemacht haben. Denn natürlich wollen alle, die die Fotos sehen, wissen, was wir da mit unserem Tilman gemacht haben."

(Christiane Bundschuh-Schramm und Michael Schramm, 1 Kind)

Tilman im Rosenbett
Wir betten dich auf Rosen,
denn wir wollen,
dass du dich wie eine Rose entfalten kannst,
du die Schönheit des Lebens kennen lernst,
und dein Leben rund werden kann
wie die Blüte der Rose,
und so vielfältig
wie ihre Blätter.

Wir betten dich aber auch auf Rosen,
weil wir dir die Stacheln des Lebens
nicht vorenthalten wollen und können.
Du wirst verletzt werden,
wie die Dornen der Rosen verletzen können.
Das Leben wird dir Wunden zufügen
und Narben auf deiner Haut hinterlassen.
Wir hoffen aber,
dass die Stacheln deines Lebens
dir nicht zu sehr weh tun
und du an ihnen reifen kannst.

Bei all dem wollen wir dir beistehen,
und auch Gott möge dies tun.
Sein Segen blühe allezeit über dir.
Christiane Bundschuh-Schramm

Kirchliche Segensfeier

Eine Segensfeier für das neugeborene Kind kann seitens der Eltern auch von den Seelsorgern und Seelsorgerinnen der beiden großen Kirchen gewünscht werden. Diese Segensfeier findet dann unter der Leitung eines amtlichen Seelsorgers/einer amtlichen Seelsorgerin im Raum der Kirche oder an einem anderen geeigneten Ort (zu Hause, in einer Kapelle ...) statt.
Gründe der Eltern für eine solche Segensfeier können sein, dass sie eine Alternative zur Taufe wünschen, weil sie zwar den Segen des christlichen Gottes für ihr Kind erbitten, aber die Aufnahme ihres Kindes in die katholische oder evangelische Kirche, die durch die Taufe geschieht, im Moment nicht anstreben (zum Beispiel weil sie selbst nicht in der Kirche sind, weil sie die Taufe später feiern wollen, weil sie sich noch nicht entscheiden können, ob sie die Taufe wünschen, welche Konfession sie für ihr Kind wählen möchten oder weil sie wollen, dass ihr Kind selbst entscheidet). Es kann auch sein, dass die Eltern beides wünschen: eine Segensfeier, z.B. im Kreis der Freunde/Freundinnen und Bekannten, und eine Taufe im Kreis der Familie und der Kirchengemeinde.
Inzwischen gibt es eine Reihe von Vorschlägen, wie eine solche Segensfeier für ein neugeborenes Kind gestaltet werden kann. Die Eltern und Geschwister können sich

mit ihren Ideen und Wünschen einbringen, sodass die Feier einen persönlichen Charakter erhält und für alle Beteiligten ein bedeutsames Ereignis in der Familiengeschichte werden kann. Eine kleine Auswahl von geeigneten Texten, Gebeten und Liedern wollen wir hier vorstellen.

Bibeltexte
aus dem Buch des Propheten Jesaja, Kapitel 44, Verse 1-5
aus dem Evangelium nach Lukas, Kapitel 2, Verse 21-40

Segnung für das neugeborene Kind
Anrufungen
S (Seelsorger/in): Gepriesen bist du, Herr, unser Gott. Du hast die Menschen geschaffen und schenkst auch diesem Kind das Leben. Wir loben dich.
A (Alle): Wir preisen dich.
S: Gepriesen bist du, Herr, unser Gott. Du willst das Heil der Menschen und bist auch für dieses Kind da. Wir loben dich.
A: Wir preisen dich.
S: Gepriesen bist du, Herr, unser Gott. Du rufst uns beim Namen und kennst auch dieses Kind. Wir loben dich.
A: Wir preisen dich.

Segensgebet
(Zu den folgenden Worten legt der Seelsorger oder die Seelsorgerin (S) dem Kind die Hände auf und bezeichnet seine Stirn mit einem Kreuz.)
S: Himmlischer Vater, wende dich uns zu und schütze dieses Kind. Schenke ihm deinen Segen, und bewahre es vor allem, was ihm schaden mag.
So segne dich der treusorgende Gott, der Vater und der Sohn und der Heilige Geist.
A: Amen.
Wolfgang Zoll

Segnung für die ganze Familie
Segenswünsche
Mutter: N. (Name des Kindes), ich bin deine Mutter.
Ich möchte für dich sorgen und dir gut tun.
Ich will für dich da sein, solange du mich brauchst.
Für unser gemeinsames Leben bitte ich um den Segen Gottes.
Vater: N. (Name des Kindes), ich bin dein Vater.

Ich möchte für dich ein anwesender Vater sein.
Ich will für dich da sein, wann immer du mich brauchst.
Für unser gemeinsames Leben bitte ich um den Segen Gottes.

Mutter: N. (Name des Vaters), ich bin die Mutter deines Kindes und deine Frau.
Ich möchte unser Kind mit dir gemeinsam aufziehen. Ich will die Sorgen
und Nöte, die Freude und das Glück unseres Elternseins mit dir teilen. Für
uns als Eltern und für uns als Ehepaar bitte ich um den Segen Gottes.

Vater: N. (Name der Mutter), ich bin der Vater deines Kindes und dein Mann.
Ich möchte unser Kind zusammen mit dir aufziehen. Ich will die Lasten und
die Freuden der Erziehung und des gemeinsamen Lebens mit dir teilen. Für
uns als Eltern und für uns als Ehepaar bitte ich um den Segen Gottes.

Mutter und Vater:
N. (Name des Kindes), wir wollen, dass du wachsen und dich entfalten
kannst. Du mögest ein fröhliches Kind werden, das neugierig auf das Leben
zugeht und sich an vielen Dingen freuen kann. Wir wollen, dass du in deiner
Kindheit und in deinem Leben glücklich werden kannst. Für dein Wachsen
und Werden bitten wir um den Segen Gottes.

Segensgebet
S. (Seelsorger/in breitet seine/ihre Hände über der Familie aus und spricht):
Gott, du Schöpferin des Himmels und der Erde,
wir bitten dich um deinen Segen für N. (Name des Kindes) und seine Eltern:
Segne dieses Kind,
mit dem du unsere Welt beschenkt hast.
Segne seine Eltern,
die du zu Mitschöpferinnen deiner Erde
gemacht hast.
Segne diese Familie,
deren Beziehung du mit Leben erfüllst.
Segne sie an jedem Tag ihres Zusammenlebens.
Segne sie in der Stunde des Glücks.
Segne sie in der Stunde der Not.
Segne sie mit deiner unendlichen Liebe,
im Namen des Vaters und des Sohnes
und des Heiligen Geistes.
Amen.
Christiane Bundschuh-Schramm

211

Lied für ein neugeborenes Kind

Text / Musik: Ulrike Mayer-Klaus

Du klei-nes Le-ben, sei will-kom-men in un-se-rer Welt!_____ Du Son-nen-schein, komm he - rein!__ Lass uns dir ei - ne Hei - mat sein._____ Du klei - nes Le-ben, sei be-schützt von dem,__ der dich hält!_____

Die Taufe

„Wie können wir unser Kind und unsere neue Beziehung feiern?"
Das bekannteste und verbreitetste Angebot der beiden großen Kirchen auf diese Nachfrage der Eltern ist die Taufe. Sie ist immer noch der umfassende Ritus am Lebensübergang Geburt.
Umfassend in vielerlei Hinsicht:

• In der Taufe können die Eltern ihr Kind unter den Segen Gottes stellen. Sie versichern sich Gottes Mitverantwortung und Ihres Mittuns, denn ohne Gott wären sie vielleicht überfordert.

• In der Taufe wird die neue Erfahrung von Geburt und Leben, von Freude und Risiko, von Licht und Schatten nach- und vorgespielt:
Das Wasser, aus dem alles Leben kommt.
Die Kerze, die Licht und Schatten spendet.
Das Salböl, das pflegt und reinigt.
Das Kreuz, in dem Leben und Tod so eng verbunden sind wie sonst nur bei der Geburt.
Der Segen, der den guten Fort- und Ausgang verheißt.

- In der Taufe erfahren die Eltern und ihre Angehörigen: Wir sind nicht allein. Viele vor uns und viele nach uns machen ähnliche Erfahrungen der Geburt und des Lebens mit einem Kleinkind. Viele vor uns und viele nach uns schaffen den Übergang vom Ehepaar zur Familie, von der Kleinstfamilie zur größeren Familie.
- In der Taufe wird den Eltern zugesagt: Ihr gehört dazu! Das Kind wird in die Gemeinschaft der Kirche und Kirchengemeinde aufgenommen. Die Kirche und die Kirchengemeinde übernehmen Mitsorge bei der religiösen Erziehung des Kindes und stehen der Familie mit verschiedenen Angeboten (Eltern-Kind-Gruppe, Bildung, Kindergarten, Gottesdienste) zur Seite.

Eltern, die die Taufe ihres Kindes wünschen oder sich über eine mögliche Taufe Gedanken machen, können Kontakt mit dem örtlichen Pfarramt aufnehmen und werden dort über die entsprechenden Modalitäten informiert.
Auch bei der Tauffeier, obwohl der Ritus in seiner Grundform feststeht, können sich die Eltern, Geschwister und Angehörigen mit ihrem Können und ihren Wünschen einbringen. Dazu möchten wir einige Ideen nennen. Scheuen Sie sich nicht, den Pfarrer oder die Pastorin, die die Taufe leiten, um Bücher und Anregungen zur Mitgestaltung der Tauffeier zu bitten.

Ideen für die Tauffeier:
- Die Geschwister oder Cousinen und Cousins, aber auch die Erwachsenen können musizieren, z.B. Lieder begleiten oder instrumental etwas vorspielen.
- Die Mitfeiernden können Fürbitten (Bitten, die wir an Gott richten) vorbereiten und vorlesen. Am besten, die Eltern nehmen das vorher in die Hand und bitten Einzelne darum.
- Die Fürbitten können eigens gestaltet werden, z. B. auf Fußsohlen aus Pappe, die dann um die Taufkerze gelegt werden.
- Alle Kinder können ihre Taufkerze mitbringen und zur Osterkerze stellen. Die Taufkerzen werden mit der Taufkerze des Täuflings angezündet.
- Die Eltern können eine Bibelstelle oder andere Texte aussuchen, die vorgelesen werden sollen oder die sie selbst vorlesen.
(Literaturempfehlungen finden Sie auf Seite 214.)

213

Das Sakrament des Bademantels

Neben den größeren Feiern gibt es auch viele kleine feierliche Momente, in denen wir an unser Kind und unsere neue Beziehung denken. Für meine Schwester Annette zum Beispiel ist der Bademantel wie ein Sakrament, das die Erfahrungen der Schwangerschaft und Geburt einhüllt. Es verbirgt und offenbart den Geschenkcharakter eines solchen Ereignisses: dass dieses Kind ein Geschenk Gottes ist. Es lässt neu ja sagen zu dieser Erfahrung und zu dem Kind, das da entstanden und jetzt schon richtig groß geworden ist. Vielleicht hat jede Mutter solch ein Sakrament der Schwangerschaft und Geburt am Kleiderhaken, im Schrank oder auf dem Regal. Solche Gegenstände mit symbolischer Bedeutung helfen uns, uns an unsere Geschichte zu erinnern und das einschneidende Ereignis der Schwangerschaft und der Geburt eines eigenen Kindes gegenwärtig werden zu lassen. Solche kleinen Sakramente des Alltags führen uns über das alltägliche Einerlei hinaus und zeigen uns, dass es ein „Mehr" im Leben gibt, das das Leben sinnvoll macht.

> „Noch heute erinnert mich der Bademantel, den ich während der Schwangerschaft oft getragen habe, an den Bauch von damals."
>
> (Annette Ries, 3 Kinder)

Literatur zur Gestaltung von Segensfeiern und Tauffeiern

Susanne Herzog (Hg.), Aus Wasser und Geist geboren. Taufgottesdienste, (Schwabenverlag) Ostfildern 1998: Bibeltexte, Bibelauslegungen, Gebete und andere Gestaltungsideen für Tauf- und Segensfeiern.

Christiane Bundschuh-Schramm (Hg.), Ich will mit dir sein und dich segnen. Segensfeiern und Segensgesten, (Schwabenverlag) Ostfildern 1999: Segensfeiern für alle Anlässe des Lebens, u.a. Elternwerden und Geburt.

Heike Hilgendiek (Hg.), Kind, du bist uns anvertraut, (Gütersloher Verlagshaus) Gütersloh 1998: Viele Texte, Gebete und Bibelstellen, vor allem als Geschenkbuch geeignet.

Elmar Simma, Ich habe dich bei deinem Namen gerufen. Gebete, Texte und Lieder zur Tauffeier, (Tyrolia) Innsbruck/Wien 2001: Allerhand Material für die Tauffeier.

Bücher und Broschüren, die den Sinn und Ablauf der Taufe erklären, für Eltern und Paten

Johannes Gottlieb/Erich Hauer, Ich rufe dich bei deinem Namen. Für Eltern und Paten zur Taufe eines Kindes, (Herder) Freiburg [3] 1998.

Claudia Hofrichter/Matthias Ball, Wir möchten, dass unser Kind getauft wird. Wie Mütter, Väter und Paten die Taufe besser verstehen können, (Kösel) München 1995.

Ich taufe dich im Namen des Vaters und des Sohnes und des Heiligen Geistes, (Echter) Würzburg 1986.

Adressen

Schwangerschaftsberatung

Die Schwangerschaftsberatung der katholischen Kirche
In Deutschland gibt es 301 Beratungsstellen. Die Adresse in Ihrer Nähe finden Sie über:
Fon: 01 80 5 / 22 10 01
Internet: http://wir-helfen-und-beraten-weiter.de oder
　　　　http://www.caritas.de
oder über das Telefonbuch unter Caritasverband

donum vitae. beraten – schützen – weiter helfen
Vereinigung zum Schutz des menschlichen Lebens
In Deutschland gibt es derzeit 66 Beratungsstellen. Die Adresse in Ihrer Nähe finden Sie über:
Fon: 02 28 / 3 86 73 43
Fax: 02 28 / 3 86 73 44
Internet: http://www.donumvitae.org
donum vitae e.V.
Breite Straße 27
53111 Bonn

Die Schwangerschaftsberatung der evangelischen Kirche
Die Adresse in Ihrer Nähe finden Sie im Telefonbuch unter:
Evangelische Kirche. Diakonisches Werk.

PRO FAMILIA Beratungsstellen
PRO FAMILIA – Bundesverband
Stresemannallee 3
60596 Frankfurt/Main
Fon: 0 69 / 63 90 02
Fax: 0 69 / 63 98 52
E-Mail: info@profamilia.de
Internet: http://www.profamilia.de
Im Internet finden Sie über die Adresse des Bundesverbandes alle Landesverbände und deren Beratungsstellen.
In größeren Städten wird frau auch über das Telefonbuch fündig.

Schwangerschaftsberatung der Arbeiterwohlfahrt
AWO Bundesverband e.V.
Postfach 41 01 63
53023 Bonn
Fon: 02 28 / 66 85 0
Fax: 02 28 / 66 85 209
E-Mail: info@awo.org
Internet: http://www.arbeiterwohlfahrt.de
Über die Internetseite des Bundesverbandes finden Sie die Adressen der Schwangerschaftsberatungsstellen.

Seelsorge

Katholische und evangelische Pfarrämter
Die Telefonnummern der katholischen und evangelischen Pfarrämter finden Sie unter:
Kirchen/religiöse Gemeinschaften
Evangelisch
Katholisch
Religiöse Gemeinschaften

Telefonseelsorge
Die Telefonseelsorge erreichen Sie
• *am Telefon unter:*
0800 / 111 0 111 (evangelisch)
0800 / 111 0 222 (katholisch)
zu jeder Zeit, an jedem Ort und kostenfrei

• *im Internet unter:*
http://www.telefonseelsorge.de
Zwei Möglichkeiten stehen zur Verfügung:
Chat-/Online-Beratung mit Terminvereinbarung
Die angegebenen Internetseiten informieren genau, wie das geht.
E-Mail-Beratung innerhalb von 48 Stunden
beratung@telefonseelsorge.de

Hilfen für Frauen, die ein behindertes oder krankes Kind erwarten

Psycho-Soziale Beratung:
alle oben aufgeführten Beratungsstellen

Allgemeine Informationen:
www.nakos.de *(Homepage der Nationalen Kontakt- und Informationsstelle zur Anregung und Unterstützung von Selbsthilfegruppen e.V.): Adressen von Selbsthilfegruppen zu verschiedenen Erkrankungen und Behinderungen*

Down-Syndrom·
Deutsches Down-Syndrom InfoCenter
Hammerhöhe 3
91207 Lauf an der Pegnitz
Fon: 09123 / 98 21 21
Internet: http://www.ds-infocenter.de

Spina bifida:
Arbeitsgemeinschaft Spina bifida und Hydrocephalus e.V. (AsbH)
Fon: 0231 / 861 05 00
Internet: http://www.asbh.de

216

Hilfen für Frauen, die ein Kind verloren haben

Initiative „Regenbogen-Glücklose Schwangerschaft e.V."
Kontaktadresse:
Hauptgeschäftsstelle
In der Schweiz 9, 72636 Frickenhausen
Fon: 0 55 65 / 13 64 (Martina Severitt)
E-Mail: BV@initiative-regenbogen.de
Internet: http://www.initiative-regenbogen.de

Hebammenhilfe

Informationen und ein bundesweites Hebammenverzeichnis finden Sie unter:
http://www.hebammensuche.de
oder beim:
Bund Deutscher Hebammen
Gartenstraße 26
76133 Karlsruhe
Fon 07 21 / 9 81 89-0
Fax 07 21 / 9 81 89-20
E-Mail: info@bdh.de
Internet: http://www.bdh.de

Kontakte für allein Erziehende

Arbeitsgemeinschaft für allein erziehende Mütter und Väter (agae) im
Diakonischen Werk der Evangelischen Kirche in Deutschland
Stafflenbergstr. 76
D-70184 Stuttgart
Fon: 07 11 / 21 59-280
Fax: 07 11 / 21 59-288

Bundesverband allein erziehender Mütter und Väter (VAMV) e.V.
Beethovenallee 7
53173 Bonn
Fon 02 28 / 35 29 95
Fax 02 28 / 35 83 50
Beratungshotline: 01 19/89 89 29 (Mo-Fr 9-14 Uhr)
E-Mail: vamv-bv@netcologne.de
Internet: http://www.vamv-bundesverband.de
*Der Bundesverband gibt die empfehlenswerte Broschüre „Allein erziehend. Tipps und Informationen"
heraus (13. überarbeitete Auflage 2001).*

Rechtliche und finanzielle Informationen

Bundesministerium für Familie, Senioren, Frauen und Jugend
11018 Berlin

Bezugsstelle für Informationsbroschüren:
Bundesministerium für Familie, Senioren, Frauen und Jugend
Postfach 20 15 51
53145 Bonn
Fon 01 80/5 32 93 29
E-Mail: broschuerenstelle@bmfsj.bund.de

Stillberatung

La Leche Liga
Postfach 96
81214 München
Fon: 06851/25 24
Internet: http://www.lalecheliga.de

Arbeitsgemeinschaft freier Stillgruppen
Rüngsdorfer Str. 17
53173 Bonn
Fon: 0228/350 38 71
Fax: 0228/350 38 72
Internet: http:// www.afs-stillen.de

Bundesverband deutscher Laktationsberaterinnen
Saarbrückener Str. 157
38116 Braunschweig
Fon: 0531/250 69 90
Fax: 0531/250 69 91
Internet: http://www.stillen.org

Internet-Adressen zum Thema „Schwangerschaft":

Im Internet gibt es viele Seiten zum Thema Schwangerschaft allgemein oder zu Familienthemen. Einige, die wir gefunden haben, seien hier genannt. Es ist vielleicht interessant zu wissen, dass einige der Seiten von Pharmafirmen bereitgestellt werden:

http://9monate.de
http://babyNews.de
http://babyzimmer.de
http://menschenskinder.de
http://muetter-mit-modem.de
http://urbia.de
http://www.schwangerschaft-point.de

218

Quellenverzeichnis

Texte:

Seite 27, 57, 86, 127, 210, 212: © bei den Autoren/Autorinnen

Seite 26, 85 aus: Giaconda Belli, Wenn du mich lieben willst, © Peter Hammer Verlag, Wuppertal 2000

Seite 57 aus: Hanna Strack, Segen strömt aus der Mitte, © Hanna Strack Verlag, Pinnow/Schwerin, 2. Auflage 2000

Seite 84 unten aus: Christiane Bundschuh-Schramm, Weil du mich siehst. Rituale und Übungen. Gebete und Lieder, © Schwabenverlag, Ostfildern 1997, S.14

Seite 108: Vertont von Thomas Quast, in: Dass Versöhnung blüht, 1977, © tvd-Verlag, Düsseldorf

Seite 122: aus: Du träumst in mir, mein Gott, Lahn-Verlag, Limburg-Kevelaer 2000, Topos plus Taschenbuch Nr. 349

Seite 128, 194 aus: Christiane Bundschuh-Schramm, Ich will mit dir sein und dich segnen. Segensfeiern und Segensgesten, © Schwabenverlag, Ostfildern 1999

Seite 160 aus: Gunthard Weber, Zweierlei Glück. Die systemische Psychotherapie Bert Hellingers, © Carl Auer Systeme Verlag, Heidelberg, 14. Auflage 2001

Seite 186: Alle Rechte bei KiMu Kinder Musik Verlag GmbH, 42555 Velbert

Bilder:

S. 15: Edward Hopper, Morgensonne, 1952
Öl/Lwd., 71,4 × 102 cm, Ohio, Columbus Museum of Art
Foto: Artothek

S. 31: Paul Delvaux, Die Verkündigung, 1949
Fondation Paul Delvaux
Foto: Artothek

S. 51: Johann Friedrich Overbeck, Josephs Traum, 1810
Öl/Lwd., 22,3 × 32,2 cm, Lübeck, Museum für Kunst und Kultur
Foto: Artothek

S. 56: Julie Fritsch, Unendlich ist der Schmerz, Lehmskulptur 1988
Fritsch/Ilse: Unendlich ist der Schmerz. Eltern trauern um ihr Kind. Kösel-Verlag, München 1995

S. 61: Piero della Francesca: Madonna del parto, 1467
Fresko, 206 × 203 cm, Santa Maria a Nomentana, Monterchi

S. 87: Claudia Nietsch-Ochs, Schifra und Pua
Linoldruck, Ausschnitt aus dem Passauer Frauentuch

S. 91: Heinrich Campendonk, Mutter und Kind in bayerischer Landschaft
Christie's, London
Foto: Christie's - Artothek

S. 105: Pablo Picasso, Mann, Frau und Kind (Selbstbildnis), 1906
Basel, Kunstmuseum
Foto: Hans Hinz – Artothek

S. 109: Pablo Picasso, Die Heimsuchung, 1903
Öl/Holz, 152 × 100 cm, St. Petersburg, Eremitage
Foto: Artothek

S. 116: Marc Chagall, Mutter und Kind, 1948–53
Öl/Lwd., 75 × 56,3 cm, Christie's, New York
Foto: Christie's – Artothek

S. 125: Dante Gabriel Rossetti, Dantes Vision von Rahel und Leah
London, Tate Gallery
Foto: Joseph S. Martin - Artothek

S. 139: Niki de Saint-Phalle, Nana, Strawinskybrunnen, Paris
Foto: Jakobine Wierz

S. 157: Felix Vallotton, Drei Frauen und ein Kind, im Wasser spielend, 1907
Basel, Kunstmuseum
Foto: Hans Hinz – Artothek

S. 170: Marc Chagall, Die Geburt, 1911
Öl/Lwd., 46 × 36 cm, Privatbesitz Ida Chagall, Basel
Foto: Hans Hinz – Artothek

S. 183: Egon Schiele, Stillende Mutter (Stephanie Grünwald); 1917
Aquarell/schwarze Kreide, 46 × 29,7 cm, Privatbesitz
Foto: Dr. Brandstätter – Artothek

S. 188: Guido Reni, Engel der Verkündigung
Öl/Lwd., 58,5 × 46,5 cm, Oldenburg, Landesmuseum
Foto: H. R. Wacker - Artothek

Stichwortregister